원조,
받는 나라에서
주는 나라로

최상오

성균관대 경영학과를 졸업하고 동 대학교 경제학과에서 석사과정 및 박사과정을 마쳤다. 이후 서울대 경제연구소 선임연구원, 동 대학교 경제학과 BK 조교수 및 WCU 연구교수로 재직하였다.
이승만 정부와 박정희 정부 시기의 경제 변화와 성장 요인을 주로 연구하였고, 이와 관련된 여러 학회에서 활발하게 활동하고 있다.
주요 저서로는《이승만 대통령 재평가》,《이승만 연구의 흐름과 쟁점》,《한국 고도성장기의 정책결정체계》,《수출진흥확대회의 녹취록》등 다수가 있으며, 역서로는《세계화의 종말》이 있다.

대한민국역사박물관 한국현대사 교양총서 07

원조, 받는 나라에서 주는 나라로

2013년 12월 31일 발행
2013년 12월 31일 1쇄

지은이 최상오
발행처 대한민국역사박물관
제작·보급 (주)나남
경기도 파주시 회동길 193
031.955.4601 / www.nanam.net

ISBN 978-89-300-8707-0
978-89-300-8700-1 (세트)

책값은 뒤표지에 있습니다.

대한민국역사박물관
한국현대사 교양총서
07

원조,
받는 나라에서
주는 나라로

최상오 지음

대한민국 역사박물관 NATIONAL MUSEUM OF KOREAN CONTEMPORARY HISTORY

나남 nanam

대한민국역사박물관은 우리나라 최초의 국립 현대사박물관입니다. 500년의 전통과 현대성이 함께 숨 쉬는 광화문에 위치한 대한민국역사박물관은 일제강점기부터 현재까지 우리 한국인이 겪어온 피와 땀과 눈물의 대서사를 담은 역사 공간을 목표로 하여 건립되었습니다. 국가 상징 거리에 위치하여 과거와 현재를 이렇게 동시에 만날 수 있는 곳은 전 세계적으로 유례를 찾기 어려울 것입니다.

대한민국역사박물관은 우리의 정체성을 확인하고 우리가 걸어온 길을 되돌아보면서 앞으로 나아갈 길을 모색하는 성찰의 기회를 제공할 것입니다. 우리 한국인이 목숨 바쳐 나라를 되찾고 피땀 흘려 산업화와 민주화를 이룩한 과정을 균형 잡힌 시각으로 보여주어, 국민들이 우리 현대사에 대한 관심과 애정을 가질 수 있게 하고자 합니다.

이를 위해 대한민국역사박물관은 현대사에 대한 체계적인 자료 수집 및 관리 · 전시 · 교육 · 조사연구 등의 기능을 수행하고 있습니다. 특히 그동안 학계에서 쌓아온 현대사 연구 성과를 국민과 공유하는 것이 필요하다고 보고, 일반인이 좀더 쉽게 읽고 이해할 수 있는 《한국현대사 교양총서》 시리즈를 발간하게 되었습니다.

《한국현대사 교양총서》를 기획하면서 특히 중점을 두었던 점은 균형 있고 미래지향적인 역사인식을 갖추는 데 기여하는 것입니다. 한국 현대사의 여러 사건과 인물들을 둘러싸고 첨예한 논란이 벌어지고 있는 현시점에서 균형 잡힌 역사인식이 무엇보다 절실하다고 하겠습니다.

아무쪼록 《한국현대사 교양총서》가 어렵게 느껴질 수 있는 우리 현대사에 쉽게 다가가는 계기가 되었으면 합니다. 아울러 이 총서가 한국 현대사에 대한 폭넓은 안목을 키울 수 있는 길잡이가 되기를 기대하며 독자 여러분의 많은 격려와 질정을 바랍니다.

대한민국역사박물관장

김왕식

머리말

우리나라는 2012년 기준으로 세계 8위의 교역 규모를 기록하였으며, 경제협력개발기구OECD 회원국으로 경제 규모와 제도 면에서 선진국 대열에 진입하였다. 이를 배경으로 정치·사회, 문화 분야에서 우리나라의 국제적 위상은 빠르게 높아졌고, 이와 함께 국제사회에서 감당해야 하는 책임도 커지고 있다. 이에 우리나라는 2010년 OECD 개발원조위원회 회원국이 되어 개발도상국가의 산업개발과 경제안정을 위한 공적개발원조를 더욱 늘려가고 있다. 이 책에서는 과연 우리 경제가 어떻게 이러한 단계에까지 이르렀는가를 소개하고자 한다.

해방 직후 우리 경제는 매우 열악한 기반 위에서 산업화를 시작하였다. 일제강점기에 산업화와 양적 성장이 있었지만, 그것은 일본인이 자본과 기술을 가지고 직접 진출하여 달성한 성과였다. 따라서 해방 후 일본인이 철수하자 우리 경제는 급격히 위축되었고 시장의 자원배분 기능은 제대로 작동하지 않았다. 게다가 중화학공업이 북한 지역을 중심으로 발달하였기에, 분단 후 남한 지역 경제는 더욱 위축될 수밖에 없었다. 여기에 6·25전쟁이 발발하여 산업시설이 파괴되자 생산능력은 급격히 줄어들었다. 1949년 5월 기준으로 제1차 산업에 종사하는 인구가 전체 인구의 80%를 차지할 정도로 당시 우리 경제는 농업사회에 머물러 있었다. 게다가 1955년 1인당 국민소득은 50달러를 약간 상회하는 수준이었다. 이것은 필리핀, 베트남 등과 같은 아시아 인접 국가는 물론 일부 아프리카 국가보다도 낮은, 세계 최빈국 수준에 해당하는 것이었다.

해방 이후 우리나라가 대량의 원조를 공급받았던 것은 상기한 당시의 열악한 경제 현실을 반영하는 것이자, 우리나라가 사회와 경제 안정을 달성할 수 있는 최소한의 경제 역량소차 갖추시 못했음을 보여준다. 그러나 오늘날 우리 경제는, 위에서 지적한 바와 같이, 국제적으로 높은 위상을 차지하고 커다란 역할을 수행하고 있다. 이와 같이 짧은 기간 동안 이룩한 위상과 역할에서의 극적인 변화는 산업화와 경제성장의 성공으로 인해 우리의 경제력이 그만큼 커졌기 때문에 가능한 것이었다. 이 책의 제목《원조, 받는 나라에서 주는 나라로》는 우리 경제의 급속한 성장과정을 상징적으로 표현한 것이라고 할 수 있다.

그러나 짧은 기간 동안 경제가 빠르게 성장하여 여러 사회문제가 동시에 초래되었다. 특히 정부가 선성장 후분배 개발철학에 근거하여 정책을 추진한 결과 노동자의 근로조건은 열악하였고, 노동운동은 억압되었다. 게다가 제한된 자원을 특정 기업에게 집중적으로 배분한 결과 대기업이 빠르게 성장했고 이를 기반으로 대기업 집단(재벌)이 형성되었다. 분명 이러한 사실은 경제성장의 또 다른 특징이라고 할 수 있지만, 여기에서는 이 책 제목이 상징하듯이 우리 경제의 성장과정에 초점을 맞추어 설명하기로 한다.

이와 관련하여 우선 지적하고 싶은 것은, 우리 경제가 산업화와 경제성장에 성공했다고 해서 그것이 누구나 쉽게 달성할 수 있는 것이라고 생각해서는 곤란하다는 점이다. 세계의 산업화 역사가 매우 오래되었는데도 오늘날 선진국이라고 부를 수 있는 나라들이 그렇게 많지 않다는 사실, 그리고 오늘날 잘사는 나라보다 못 사는 나라들이 더 많다는 사실은 경제성장이 결코 쉬운 문제가 아님을 보여준다.

경제성장에 성공하기 위해서는 여러 요인이 잘 조정되고 통합되어야 한다. 이 책에서는 세 가지 요인을 특히 중요하게 생각하고 그것이 본문에 충실히 드러나도록 노력하였다. 첫째, 세계경제와의 관계를 특히 중요시하였다. 종전에는 후발국이 선진국과 경제관계를 맺으면 국내의 잉여가 유출되고 '저개발이 개발'되어 정체 상태에서 벗어날 수 없다며, 세계경제와의 관계 단절을 주장하고 내부 요인을 강조하였다. 그러나 자본과 기술이 부족한 후발국의 입장에서 볼 때 '후발성 이익', 즉 선진국이 이미 축적한 자본과 기술을 활용하여 경제개발을 추진하는 것이 더욱 효과적이라는 것이 판명되었다. 따라서 이 책에서는 경제성장의 요인으로 국제적 계기를 중요시하였다.

둘째, 정부의 역할을 강조하였다. 더 구체적으로 말하면, 국제적 계기는 모든 나라가 동일하게 이용할 수 있는 조건임에도 나라 간 경제성과에서 차이가 있다면, 외부적 조건을 활용할 수 있는 내부 능력의 차이가 그 요인이라 할 수 있다. 특히 후발국에서는 민간 부문의 성장이 미흡하고, 아울러 자본과 기술이 축적되지 못해 경제성장을 주도해나갈 주체가 결여된 것이 일반적이다. 이와 같이 열악한 초기조건을 극복하고 경제성장을 이루기 위해서는 정부의 역할이 중요하다. 게다가 우리나라 경제의 경우 근대 국민국가가 처음으로 수립되고 계급구조와 경제구조가 급변하는 정치·사회적 조건 위에서 출발했기에 제도와 정책의 설계자로서 정부의 역할이 더욱 중요했다고 할 수 있다.

셋째, 기업, 즉 기업가와 근로자의 역할을 중시하였다. 경제성장이란 정부의 정책과 제도 변화에 반응하여 민간기업의 생산활동에 변화가 생김으로써 나타나는 것이다. 따라서 정부가 올바른 정책과 제도를 만드는 것도 중요하지만, 그 이상으로 민간기업 차원에서 실질적인 행동 변화가 이루어져야 한다. 기업가들은 생산성 향상을 위해 기업을 잘 관리해야 하며, 근로자들과의 협력관계를 유지하는 것이 중요하다. 마르크스가 주장했듯이, 자본가와 노동자 사이에 대립관계가 존재하는 것이 사실이지만 경제성장에 성공하기 위해서는 이들 관계가 국가개입을 통해서, 또는 내부적으로 잘 조정되어야 한다.

이 책은 상기한 세 요인을 염두에 두고 우리 경제의 성장과정을 이해하기 쉽게 설명하고자 노력하였다. 특히 해방, 남북분단과 6·25전쟁을 겪은 우리 경제가 어떻게 경제성장에 성공하여 원조를 '받는 나라에서 주는 나라로' 전환할 수 있었는가를 중점적으로 설명하였다. 이를 통해 경제성장의 중요성을 다시 한 번 확인하고,

이 과정이 자연발생적으로 일어난 것도, 특정 개인의 지도력에 의해 일어난 것도 아니며 정부·기업·국민이 함께 최선의 노력을 다해 얻은 결과임을 보여주고자 하였다. 이 책이 우리 경제의 성장과정을 이해하고, 이를 바탕으로 오늘의 성장 문제를 해결하는 데 조금이나마 기여하길 기대한다.

최상오

차례

정부 수립, 자립을 향한 출발

해방은 일시적인 침체와 혼란에도 불구하고, 장기적인 관점에서 볼 때 현대 한국경제가 성립, 발전할 수 있는 기회를 제공해주었다. 그렇다고 발전이 보장된 것은 아니었다. 우리는 다양한 선택을 할 수 있었고, 그 속에서 우리가 어떤 결정을 하느냐에 따라 그 성과에는 커다란 차이가 발생할 수 있었다. 이 시기에 직면한 가장 중요한 문제는 경제체제의 선택에 관한 것이었다. 오늘날 남한과 북한의 경제력 격차가 경제체제 선택의 차이에 기인했다는 사실을 고려할 때, 이 시기의 중요성을 새삼 확인할 수 있다.

해방은 우리에게 커다란 전환점이었다. 식민지 체제에서 작동했던 경제구조가 해방과 함께 더 이상 기능할 수 없어 침체, 혼란과 위기가 도래하는 듯하였다. 게다가 남북분단으로 잉태된 체제 간 갈등이 남한 사회 내부에서 폭발하여 경제 침체와 혼란을 가중시키기도 하였다. 그러나 침체와 혼란은 일시적인 현상에 불과했고, 장기적인 관점에서 볼 때 해방은 현대 한국경제가 성립되고 발전할 수 있는 기회를 제공해주었다. 그렇다고 발전이 보장된 것은 아니었다. 우리는 다양한 선택을 할 수 있었고, 그 속에서 우리가 어떤 결정을 하느냐에 따라 그 성과에는 커다란 차이가 생길 수 있었다. 이 시기에 직면한 가장 중요한 문제는 경제체제의 선택에 관한 것이었다. 오늘날 남한과 북한의 경제력 격차가 이 시기 경제체제 선택의 차이에 비롯됐음을 고려할 때, 이 시기의 중요성을 새삼 확인할 수 있다.

이 장에서는 해방 직후 우리 경제가 침체와 혼란에 빠진 이유와 실태를 살펴보고, 또한 한국 정부가 어떤 경제체제를 선택했는지를 살펴보기로 한다.

01

해방, 경제구조의 붕괴

식민지 체제의 해체

일제강점기 한국경제는 일본경제와 상호의존관계를 심화시키면서 발전해왔다. 일제강점기 전 기간에 걸쳐 공업 부문이 빠르게 성장하여 1911~1940년 기간 동안 연평균 공업성장률부가가치 기준은 9%에 달했다. 물론 이러한 성과는 일본자본에 의해 주도되었다. 1940년 말 회사의 납입자본금 중에서 일본인 자본이 차지하는 비중은 90%에 달했다. 소규모 기업에서는 한국인 기업과 자본가의 활동이 활발했지만, 대규모 기업일수록 일본인 자본과 기업가의 비중이 두드러졌다. 기술자 중에서도 일본인의 비중이 한국인 기술자에 비해 훨씬 높았다.

대외무역에서도 일본과의 교역이 대부분을 차지하였다. 일본과의 무역 비중은 식민지 초기부터 매우 높았는데, 일본이 차지하는 비율은 1910년 68%, 1920년 70%였다. 1920~1930년대를 거치며 그 비율은 상승하여 1930년 82%, 1940년 84%를 기록하였다. 또한 일본 이외의 국가라 하더라도 만주 및 관동주와 같이 일본경제권에 편입된 국가와의 교역이 당시 무역활동의 대부분을 차지하였다. 이와 같이 일제강점기 한국경제는 일본경제를 중심부로 하는 지역경제 형태로 전개되었다.

해방이 되자 식민지 권력이 붕괴되면서 식민지 경제구조도 붕괴되었다. 해방과 함께 일본법인 및 일본인이 소유한 일체의 유형자산은 귀속재산으로서 한국에 그대로 남겨졌지만, 그것을 운영하던 주체인 일본인 자본가와 기술자는 전부 본국으로 철수하였다. 일제강점기 동안 일본으로부터 지속적으로 공급되던 자본은 더 이상 공급되지 않았다. 대외무역은 1946년 1월에 재개되었지만, 식민지 무역구조는 완전히 해체되었다. 만주를 비롯한 중국과의 무역은 예기치 않은 남북분단으로 더 이상 지속될 수 없었다. 일본과의 무역은 '일본으로부터 독립된 국가를 건설한다'는 미국 정부의 대한對韓 점령정책 때문에 사실상 통제되었다. 이런 점을 고려할 때, 해방은 일제강점기에 작동했던 경제구조가 일시에 붕괴되고, 그것을 대체하는 새로운 경제순환구조를 확립해야 하는 계기였다. 이 과정에서 경제는 불가피하게 정상적으로 작동하지 못하고 혼란에 빠졌다.

1945년 10월 부산에서 철수하는 일본군. 사람만이 아니라
자본, 기술, 시장 등이 함께 한국을 떠나갔다.

남북분단

해방과 동시에 남북분단은 거의 기정사실이 되었다. 일본군 무장해제를 목적으로 해방되기 이전부터 38선 이북지역으로 들어왔던 소련군은 북한을 점령·통치하였고, 남한도 1945년 9월 초부터 미국군에 의해 점령·통치되었다. 미국과 소련은 통치 기간 동안 한반도에 통일정부를 수립하기 위해 노력했지만, 그것은 처음부터 실현되기 어려운 일이었다. 게다가 국내 정치세력 간에도 이념 차이가 뚜렷하게 드러났다. 1945년 12월 말 제기된 신탁통치안에 대한 우익과 좌익의 입장 차이는 체제 분화를 보여주는 대표적인 사건이었다. 이상과 같은 정치적 갈등은 두 지역 사이에 형성된 경제관계를 어렵게 만들었다.

원래 남한과 북한 지역은 경제적 보완성이 매우 높았다. 즉, 두 지역이 활발하게 경제교류를 할 때 서로에게 더 많은 이익을 줄 수 있는 관계였다. 이것은 두 지역의 자연 조건 차이와 일제강점기 공업화 정책에 기인하였다. 우선 남한 지역은 논농사가 적합하였다. 1936~1937년의 경우 남한의 쌀 생산량은 남북한 전체의 70%에 달했다. 반대로 북한 지역은 밭농사가 적합하여 밭작물 생산량이 훨씬 많았다. 지하자원에서도 두 지역의 보완성은 분명하게 드러난다. 1942년 현재 철광석과 유연탄의 99%는 북한 지역에서 생산되었으며, 무연탄과 금의 경우 70%를 약간 상회하는 양의 생산이 북한 지역에서 이루어졌다.

두 지역은 공업구조에서도 커다란 차이를 갖고 있었다. 1940년 기준으로 볼 때 중화학공업 부문에서는 북한 지역이 79%를 생산했고, 경공업 부문에서는 남한 지역이 70%를 생산하였다. 이런 현상은 공업 부문 자산의 지역적 분포를 통해서도 확인할 수 있다. 최근 일제강점기 일본인 자산의 지역적 분포를 조사한 연구에 따르면, 제조업 자산의 경우 북한 지역에 62%가 존재했고 남한 지역에는 38%만이 존재하였다. 이것을 공업 부문별로 구분해보면, 경공업은 남한에 77%가 집중되었고, 중화학공업은 북한에 83%나 집중되었던 것으로 조사되었다.[1]

발전 능력과 실적을 통해서 보더라도 두 지역의 보완성을 분명히 확인할 수 있다. 산업시설의 동력원으로서 경제에 매우 중요한 영향을 끼치는 발전시설은 일제강점기에 대부분 북한 지

1930년대 조선질소비료주식회사 흥남공장 전경. 북한에는 중화학공업 시설이 주로 건설되어 경공업 중심의 남한과 경제적 보완성이 높았다.

역에 건설되었다. 이 결과 해방 직전 국내 발전시설의 86%가 북한 지역에 있었고, 발전 실적 면에서도 북한 지역은 92%나 차지하였다. 1944년 현재 남한 전력 사용량의 절반 이상은 북한의 송전에 의존하는 구조였다.[2] 해방 이후에도 이런 구조는 변하지 않아서 남한의 경제활동은 북한의 송전에 크게 의존하였다.

남북분단 때문에, 두 지역의 자연적 조건과 공업화 정책 차이에 근거하여 만들어진 경제적 보완성이 원활하게 작동하지 못했다. 물론 해방과 함께 남북 간의 모든 경제관계가 일시에 단절된 것은 아니었다. 처음에는 민간 차원에서 밀무역 형태의 교류가 이루어졌고, 다음에는 미소 당국 간의 협의를 통해 남북교역을 재개하려는 시도가 이루어졌다. 그러나 경제적 관점이 아니라 정치적 관점에서 추진된 남북 간 경제교류는 원활하게 전개되지 못하였다. 식민지 경제구조의 붕괴에 의해 위축된 경제활동은 남북분단에 의해 더욱 악화되었다.

남북교역

남북교역은 1946년 12월 15일 '조선연안교역의 감독'에 관한 통첩에 의해 공식 인정되었다. 이 통첩에서는 동해안의 주문진, 서해안의 용호도, 남해안의 여수 등 3개 항구에 한해서 남북교역을 허용하였다(상공부, 1947, 36쪽). 정부 수립 이후에도 남북교역은 정부 승인하에서 계속 이루어졌는데, 그 규모는 점차 줄어들었다. 그러나 두 지역의 대립이 격화되면서 1949년 4월 남북교역은 공식적으로 중단되었다.

02

불안정한 재산권

귀속재산

식민지 경제에서 일본 정부 및 일본인 재산이 차지하는 비중은 매우 컸다. 해방 직후 조선총독부는 미군정에 행정권을 넘기고 철수했고, 일본인 또한 본국으로 돌아갔다. 그리고 이들 일본 정부와 일본인이 소유한 유형有形의 고정자산과 일부 금융자산은 고스란히 국내에 남겨졌고, 이것을 귀속재산歸屬財産이라고 부른다.

귀속재산은 기업체, 금융기관, 주요 통제회사 소유 재산, 농지 및 토지 등으로 구성되었다. 당시의 문헌에서는 귀속재산이 한국 국부의 80%를 차지한다고 주장했지만, 그 근거는 분명하지 않다. 그렇지만 귀속재산이 양적으로나 질적으로 매우 중요한 비중을 차지한 것은 분명하다. 1948년 10월 현재 귀속재산의 추정가치는 3억 500만 원이었는데, 이것은 1948년도 세입

예산 2,600만 원의 무려 12배에 해당하는 것이었다. 이 중에서 귀속기업체가 전체의 71%로 가장 큰 비중을 차지하였으며, 농지 및 토지는 전체의 24%로 두 번째 비중을 차지하였다.

미군정은 군정법령 제2호1945. 9. 25와 제33호1945. 12. 6를 통해 귀속재산을 접수하여 사실상 미군정 소유로 전환시켰다. 이렇게 국가 소유로 넘어간 귀속재산을 어떻게 처리하느냐 하는 문제는 경제체제의 선택과 관련하여 매우 중요하였다. 북한은 1946년 8월 귀속재산을 공식적으로 국유화하여 사회주의 경제체제의 물적 토대를 마련하였다. 미군정의 통치하에 있던 남한에서도 북한에서 시행된 것과 유사한 주장이 줄곧 제기되었다. 이런 주장은 좌익과 우익, 양쪽에서 모두 나왔다. 가령 좌익을 대표하는 조선인민공화국의 정강政綱에서는 "일본인은 물론 민족 반역자의 재산은 몰수하여 국유로 할 것"을 주장하였다. 좌익의 이런 주장은 새로울 것이 없지만, 우익을 대표하는 이승

화폐단위의 변화

우리나라에서 화폐단위가 변경되는 통화개혁은 두 차례 이루어졌다. 1953년 2월 시행된 제1차 통화개혁에서는 화폐단위가 원(圓)에서 환(圜)(교환비율 100원 대 1환)으로 변경되었고, 1962년 6월 시행된 제2차 통화개혁에서는 화폐단위가 환에서 다시 원(교환비율 10환 대 1원)으로 변경되었다. 이 글의 화폐단위 '원'은 특별한 언급이 없는 한 1962년 6월 이후 통용된 원을 나타낸다.

만李承晩도 동일한 주장을 하였다. 그는 "일본인과 민족 반역자의 재산은 공사를 막론하고 몰수하여 국유로 할 것"을 주장하였다.[3] 이렇게 될 경우 귀속재산이 경제에서 차지하는 비중을 고려할 때 정부영역이 민간영역을 압도하여 개인의 재산권은 불안정해질 수밖에 없었다. 아직 개인의 재산권이 부정된 것은 아니지만, 이것이 불가능한 것도 아니었다. 해방 조기 북한은 귀속재산은 국유화했지만 개인의 재산권은 인정했다가, 6·25 전쟁 이후 개인의 재산권을 부정하고 전부 국유화하여 사회주의 경제체제를 확립해갔다.

게다가 미군정의 의도와 달리, 생산 현장에서는 귀속기업체를 노동자가 자주적으로 관리해야 한다는 운동이 활발하게 전개되었다. 일본인 기업에서 일한 노동자들은 일본인 기업이 성장한 것은 자신들의 노동의 결과이므로, 일본인이 퇴거한 후에는 노동자들이 중심이 되어 이들 재산을 접수하고 관리해야 한다고 생각하였다. 즉, '노동자자주관리운동'이 출현했는데, 이 운동은 앞서 언급했던 내용의 당위적 측면 이외에도 기업체를 처분하고 철수하기를 원했던 일본인 기업가의 행동에 대한 대응이기도 하였다. 노동자자주관리운동은 미군정이 지향한 체제 노선과 대립하면서 상당 기간 지속되었는데, 이것도 개인의 재산권을 불안정하게 하는 요인이었다.

지주제

지주제는 토지 소유자가 토지가 없거나 적은 농민에게 토지를 빌려주고 그 대가로 수확의 절반 정도를 지대로 받아가는 지주-소작관계를 의미한다. 지주제의 기원은 조선시대로까지 올라가지만, 특히 일제강점기를 통해 크게 확대되었다. 1945년 말 현재 남한의 총 경지면적은 230만 정보(町步, 땅 넓이의 단위. 1정보는 약 9,917.4제곱미터에 해당한다.)였는데, 그중에서 소작지는 145만 정보로서 65%를 차지하였다. 당시 농가의 대부분은 소작농에 해당하였다. 전체 농가호수 206만 호 중에서 자작농은 28만 4천 호에 불과했고, 나머지는 토지가 전혀 없거나 소유한 토지가 적어 농지를 더 많이 빌려야 하는 소작농 및 소자작농으로서, 이들은 전체의 70%를 차지하였다. 여기에 자작지만으로는 부족해서 일부 농지를 빌려 경작해야 하는 자소작농까지 더한다면 소작농의 비율은 86%에 육박하였다.[4]

이런 상황에서 지주제의 처리는 정치 안정 및 경제체제의 선택과 관련하여 매우 중요한 사안이다. 미군정이 1945년 10월 5일 최고 소작료 3·1제를 발표한 것은 지주제를 존속시키겠다는 의도가 아니었다.[5] 이 조치는 수확기를 맞이하여 우선 급한 대로 농민의 부담을 줄여 국민의 절대 다수를 차지하는 농민을 안정시키기 위한 것이었다. 식민지 경제구조의 한 축을 담당했던 지주제가 청산되어야 한다는 것은 당시 국민들의 공통된 정서였다. 문제는 지주제의 해체, 다시 말하면 농지개혁을 어떻게 추진하느냐 하는 것이었다.

체제 이념을 달리하는 정치단체라 하더라도 두 가지 점에서는 의견이 같았다. 하나는 일본인 및 민족 반역자 소유의 토지는 몰수하여 국유로 한다는 것이고, 다른 하나는 한국인 지주의 토지도 농지개혁의 대상에 포함시켜야 한다는 점이다. 그렇다고 우익과 좌익의 정치단체가 토지의 사적 소유를 완전히 부정한 것은 아니었다. 기존의 자작지에 해당하는 토지는 사적 소유를 인정했지만, 상기한 바와 같이 그 비율이 매우 낮다는 점에서 정부가 몰수한 토지와 한국인 지주의 토지를 어떻게 처리하느냐는 경제체제의 방향에 중대한 영향을 끼칠 수 있었다.

북한에서 토지개혁을 신속히 처리한 것은 농지개혁의 방향을 더욱 불확실하게 만들었다. 북한은 소작료 3·7제를 발표한 다음 달인 10월에 토지 소유관계의 근본적인 변화를 추구하는 '토지문제결정서'를 발표하였다. 이 결정서는 대부분의 토지를 국가가 몰수하고 농민의 노동력에 입각하여 토지를 무상으로 분배할 것을 결정하였다. 이에 근거하여 북한은 1946년 3월 '북조선 토지개혁에 관한 법령'을 제정하였다. 이때 모든 토지가 완전히 국유화된 것은 아니었지만, 대부분의 토지를 정부가 무상으로 몰수하여 농민에게 무상으로 분배하는 토지개혁이 단행되었던 것이다.

북한과 달리, 남한에서는 농지개혁 방법을 둘러싸고 상호 대립되는 두 가지 안이 제시되었다. 우선 유상분배안이다. 이것은 미군정과 우익 쪽에서 주장하였다. 미군정이 귀속농지를 대상으로 농지개혁 법안을 처음 발표한 것은 1946년 3월이었는데, 유상분배안이었다. 이승만은 1946년 2월에 귀속농지와 한국인 지주 토지를 모두 포함하는 유상분배안을 주장하였다. 그러나 이와 반대되는 무상분배안을 주장하는 단체도 많았다. 가령 한국독립당에서 1945년 8월 발표한 정강을 보면, 토지 국유의 원칙을 천명하였다. 더욱이 주목되는 것은 미군정 주도하에 구성된 남조선과도입법의원에서 기초한 농지개혁 법안에서도 무상

북한의 토지개혁은 남한의 농지개혁에 많은 영향을 주었다.

분배안을 주장하였다는 점이다.

귀속농지는 물론 한국인 지주 토지를 포함한 농지개혁은 당시 상황에서 마땅히 그러해야 했다. 그러나 농지개혁을 어떻게 시행하느냐 하는 문제는 아직 명확히 결정되지 않았다. 게다가 농민의 입장에서 무상분배안은 분명 매력적인 방안이었다. 뒤늦게 알려졌지만, 무상분배안은 분배받은 토지를 자유롭게 처분할 수 있는 처분권이 빠지고 경작권만 양도되어 토지의 사적 소유권을 사실상 부정하는 것이었다. 무상분배로 넘겨진 토지 소유권이 불안정하다는 것은 그 이후 북한에서 전개된 사실을 통해서도 확인할 수 있다. 6·25전쟁 이후 북한은 개인의 사적 소

남조선과도입법의원

1946년 미군정이 정권을 인도하기 위해 설립했다가 1948년 5월 해체한 과도적 성격의 입법기관이다. 제1차 미소공동위원회의 무기한 휴회(1946. 5. 6) 이후 미군정은 김규식(金奎植), 여운형(呂運亨) 등 온건 노선 좌·우파 지도자들에게 좌우합작운동을 알선, 이들을 중심으로 한 남조선과도입법의원을 조직하였다.

남조선과도입법의원은 1946년 10월 21일부터 31일까지 10일에 걸쳐 민선의원 45명을 간접선거로 선출하였으며, 관선의원 45명은 당시 미군사령관 하지(J. R. Hodge)가 임명하였다. 이러한 일련의 절차에 의해 성립된 남조선과도입법의원은 한국 근대 역사상 최초의 대의정치기구라는 의의가 있다. 그러나 제정한 법령이 군정장관의 동의를 얻어야 효력이 발생하는 비정상적인 결함을 갖고 있기도 하였다.

유권을 전면적으로 부정하고 모든 농지를 집단농장으로 전환시켰다. 그렇지만 그것을 제대로 파악하지 못한 당시 상황에서 무상분배안은 농민의 관심을 끌기에 충분했고, 이것은 정치 불안과 경제체제의 선택에 혼란을 초래하였다.

03

경제 정체와 혼란

생산의 정체

해방 직후 남한의 생산은 급격히 줄어들었다. 1946년 미곡 생산량은 식민지 말기와 비교하여 87%로 그나마 양호한 편이었지만, 다른 산업의 생산량은 급감하였다. 수산물은 45% 수준을 보였고, 광업과 공업 생산량은 더욱 감소하여 식민지 말기의 25% 수준에 불과하였다. 이러한 생산 감소는 앞에서 지적한 식민지 경제구조의 붕괴, 남북분단, 경제체제의 선택을 둘러싼 갈등 등이 복합적으로 작용한 결과였다.

그러나 그 이후에도 위축된 생산은 쉽게 회복되지 않았다. 물론 생산활동은 각 부문이 처한 조건에 따라 다양한 양상을 보였다. 우선 농업, 어업, 광업과 같이 자연자원을 활용하여 생산하는 경제 부문에서는 1946년 생산 수준을 유지했거나 그것을 상회하는 경우도 있었다. 가령 1946년의 쌀 생산량을 100으로

할 때, 1948년에는 129로 생산량이 29%포인트 증가하였다.

공업 부문 생산에서는 원료, 자재 등을 원활히 공급받을 수 있는지 여부가 매우 중요하였다. 1946년 11월 현재 휴업 상태인 390개의 사업체를 대상으로 휴업 원인을 조사한 결과, 원료 부족이 전체의 70%를 차지하였다. 다음으로 중요한 것은 9%를 차지한 자재 부족이었다. 따라서 국내에서 원료·자재를 조달하거나 무역을 통해 공급받을 수 있는 업종에서는 생산이 빠르게 회복하기도 했지만, 그렇지 않은 경우에는 생산이 정체하거나 오히려 감소하였다.

전자에 해당하는 대표적인 산업은 면방직업과 고무공업이었다. 면방직업의 경우 일제강점기부터 상당히 발달한 업종이었고, 귀속기업체로서 대규모 설비가 국내에 존재하였다. 미군정은 민생 안정을 위해 면직물 생산을 빠르게 증대시킬 필요가 있어 원료인 원면을 원조를 통해 공급하였다. 고무공업은 일제강점기부터 한국인 주도로 발달했던 몇 안 되는 업종 중의 하나였다. 해방 이후 고무신을 비롯한 고무 제품에 대한 수요가 확대되자 이런 수요에 부응하고자 민간기업 주도로 생고무를 대량 수입하여 생산이 빠르게 증가하였다. 고무신의 경우 1948년 생산 수준이 1946년의 9배에 이를 정도로 생산이 급격히 증가하였다.

후자에 해당하는 대표적인 산업은 제지업製紙業과 제사업製絲

業이다. 제지업체들은 국내 조달이 어려워진 원료를 해외 수입을 통해 마련해야 했다. 당시 인쇄물 수요에 맞추기 위해 미군정에서는 펄프 수입을 허용했으나 그것이 수요에 미치지 못해 생산은 오히려 감소하였다. 제사업의 경우에는 국내에서 원료 공급이 가능하였다. 그러나 식민지 말기의 강제적 공동판매제도가 해체되면서 제사공장에 공급되어야 하는 원료가 제대로 수집되지 않아 생산이 줄어들었다.[6] 원료 부족으로 생산이 감소한 경우는 금속공업과 기계공업에서도 나타났다. 전동기의 경우 1948년 생산량은 1946년에 비해 1/4로 줄어들었고, 선철銑鐵은 생산 자체가 유지될 수 없을 정도로 원료가 부족했다.

이와 같이 공업 부문에서는 업종에 따라 그 실적이 다르긴 했지만, 전체적으로는 생산은 줄어들었다. 공장 통계를 보면, 1946년 11월 말 현재 4,632개이던 공장은 1948년 말에는 3,808개로 줄어들었다. 공장 수의 감소와 달리 종업원 수는 같은 기간 동안 11만 4천 명에서 13만 1천 명으로 증가했지만, 공업 생산액은 1946년 1,900만 원에서 1948년에는 1,800만 원1946년 불변가격 기준으로 감소하였다. 이러한 현상은 당시 생산 정체의 주요 원인인 원료 및 자재 부족 문제를 해결할 수 있는 대내외 경제순환구조가 빠르게 회복되지 못했기 때문이었다.

중계무역의 출현

대외무역은 해방과 함께 일시에 붕괴되었다. 경제가 회복되기 위해서는 대외무역이 재개되어 생산에 필요한 원료 및 자재를 원활히 공급해주어야 한다. 이런 점에서 대외무역은 중요한 의미를 가졌다.

대외무역이 공식적으로 재개된 것은 1946년 1월 초였다. 미군정은 군정법령 제39호 '대외무역규칙'을 공포하여 대외무역의 재개를 천명하였다. 이 법령에 따르면 대외무역은 정부의 철저한 통제하에서 이루어졌는데, 통제 수단은 두 가지였다. 하나는 무역업자로 활동하기 위해서는 상공부당시 상무부의 면허가 필요한 면허제이다. 다른 하나는 특정 상품을 수출하거나 수입하고자 할 때마다 상공부 무역국의 허가를 받아야 하는 수출입 허가제이다.[7] 오늘의 관점에서 볼 때 수출을 통제했다는 것이 이해가 안 될 수도 있겠지만, 생산이 급격히 위축된 경제에서는 국내 생산이 무엇보다도 중요하기 때문에 국내 생산에 필요한 물자가 해외로 나가는 것을 막기 위해 수출을 통제하였다.

	수출					수입				
	총액	중국	홍콩	일본	미국	총액	중국	홍콩	일본	미국
1946	47	80.9	–	19.1	–	168	94.6	–	4.8	–
1947	1,111	23.0	41.9	–	4.8	2,088	32.1	7.1	0.6	12.9
1948	7,196	2.5	75.8	15.9	5.8	8,857	13.7	15.1	5.9	16.3

출처: 재무부 세관국(1949). (단위: 1천 원, %)

표 1 국가별 대외무역 구성

미군정 기간의 대외무역은 상기한 제도 위에서 이루어졌다. 표 1에서 확인할 수 있듯이, 1946년 재개 이후 무역은 매우 빠르게 성장하였다. 1946년에 22만 원이었던 무역액수출과 수입의 합계은 1948년에는 542만 원1946년 불변가격으로 조정으로 증대되어, 2년 동안 무려 25배나 확대되었다. 그러나 이러한 급성장을 과대평가해서는 안 된다. 기준이 되는 1946년 실적이 너무 낮아 그후 조금만 개선되어도 증가율이 엄청난 것처럼 보이는 '기저효과'가 나타났다. 1948년의 무역액은 일제강점기 최고 수준을 보인 1941년 무역액의 1.8%에 불과하여 다른 경제 부문보다 해방의 충격이 훨씬 컸다. 이 정도의 무역 규모로서는 생산에 거의 영향을 끼칠 수 없었다.

이전 시기와 비교하여 무역이 크게 줄어든 이유는 무엇일까? 두 가지 요인의 영향이 중요하였다. 먼저 지적할 수 있는 것은 해외시장을 적극적으로 개척할 무역상이 부족하였다는 점이다. 이 시기 무역의 대부분은 중국홍콩 상인의 중계中繼를 통해 이루어졌다. 즉, 중국 상인이 수입품을 가져오면 그에 상당하는 물품을 대가로 지불, 바꿔 말하면 수출하는 방식이었다. 이 시기에는 대외결제수단으로서 달러를 포함한 외환이 없었기 때문에 물물교환 방식으로 무역이 이루어진 것이다. 이는, 표 1에서 확인할 수 있듯이, 이 시기 무역이 중국과 홍콩에 집중된 이유이기도 하였다. 이런 상황에서 한국의 무역상은 수입품 대가로 교환될 수출품을 국내에서 수집하는 역할밖에 할 수 없었다.

무역이 줄어든 두 번째 이유는 수출품이 부족했다는 점이다. 상기한 중계무역 구조에서의 무역 규모는 우리 경제의 수출능력에 의해 좌우된다. 즉, 우리가 수출할 물건이 많으면 많을수록 더 많은 수입을 중국 상인에게 요구할 수 있어 무역 규모는 확대될 수 있다. 그러나 이 시기에는 경제가 위축되어 수출할 상품도 제한되었고, 게다가 수출보다는 국내 생산에 중점을 두어야 했기에 공산품의 수출은 거의 이루어지지 않았다.

그렇다고 무역이 국내 생산에 전혀 기여하지 않은 것은 아니다. 앞에서 지적한 고무공업과 같이 원료를 수입할 수 있었던 업종은 생산이 증가했지만, 그것은 매우 제한되었고 전체적으로 볼 때 수입품은 최종소비재 중심이었다. 이런 점에서 이 시기의 무역은 생산에 크게 기여하지 못했다. 더욱이 무역이 빠르게 회복될 것이라고 기대하기도 어려웠다. 무역이 빠르게 회복되려면 공업 생산이 회복되어야 하나, 무역의 정체 때문에 생산에 필요한 원자재를 제때 공급할 수 없어 회복이 지연되고 있었다. 이와 같이 생산의 정체는 무역 정체로, 다시 무역 정체는 생산의 정체로 이어지는 악순환 구조가 형성되어 경제는 어려운 상태에서 쉽게 헤어나지 못했다.

시장기구의 부재, 자유에서 통제로

시장이란 개인들의 자유로운 의사결정에 의해 자원을 배분함으로써 경제활동을 원활하게 조정해주는 핵심적인 장치이다. 따라서 시장기구가 원활하게 작동한다면 재화의 지역적 불균형이나 원료의 산업 부문 간 불균형 문제가 생기지 않는다. 해방 이후에는 시장기구가 제대로 작동하지 않았기에 자원이 필요한 곳에 원활히 공급되지 못해 정부 통제가 확산되었고 생산활동은 정체되었다.

미곡 수집정책은 해방 직후 경제 운용의 특징을 잘 보여준다. 다른 경제 부문과 마찬가지로, 미곡 생산과 유통 부문에서는 식민지 말기부터 정부가 시장을 점차 대체해가기 시작하였다. 1939년부터 공출제도가 도입되어 미곡은 정부의 통제를 받게 된 것이다. 그러나 이때에는 식량 소유자가 공출에 대해 법적 의무를 지지는 않았다. 하지만 1943년에는 식량을 보유한 농민과 지주는 자가 보유미를 제외한 수량을 전부 공출해야 하는 법적 의무를 지게 되었다. 게다가 1944년이 되면 식량 생산 책임제가 적용되어 사전에 생산 책임량이 정부에 의해 할당되었다.[8] 이런 구조하에서 정부가 파종하기 전에 생산 책임량과 공출량을 정하고 공출제도에 근거하여 수집된 미곡을 정부가 다시 필요한 곳에 배급하는 방식으로 경제가 운영되었다. 사실상 개인의 자유로운 경제활동이 정부의 계획에 의해 거의 완전하게 대체된 상태였던 것이다.

해방 직후 미군정은 시장기구를 다시 복원하면 식량 문제가 원활히 해결될 것이라고 생각하였다. 이에 미군정은 1945년도산 미곡 생산을 풍작으로 예상하고 잉여가 날 것이라는 전제하에 1945년 10월 '미곡의 자유판매'를 허용하였다. 위에서 지적한 바와 같이, 전시에 미곡 생산과 유통은 정부에 의해 철저히 통제되었으나, 이 조치를 통해 미곡에 부과된 통제가 일시에 해제되었다. 그러나 예상과 달리 미곡 생산은 크게 늘지 않았지만 수요는 빠르게 증가하였다. 이런 상황에서 시장기구가 원활히 작동했다면 지역 간 수급 불균형 문제는 쉽게 해결될 수 있었을 텐데, 자유시장을 허용했는데도 도시 지역 중심으로 식량 부족과 함께 미곡 가격이 폭등하였다. 이런 상황이 발생한 것은 연료 부족으로 운송 수단이 정상적으로 운행할 수 없었으며 상인 단체의 발달이 취약하여 시장이 제대로 작동할 수 없었기 때문이었다. 그래서 미군정은 미곡 자유 판매를 허용한 지 한 달이 갓 지난 11월에 '미곡 통제' 방침으로 선회하였다.[9]

처음 미군정의 통제는 최고가격ceiling price을 결정하는 것이었지만, 가격 통제로서는 이미 와해된 유통 질서를 회복시키기 어려웠다. 이에 미군정은 통제를 더욱 강화하여 1946년 1월 식량 수집과 배급 정책을 발표했고, 이러한 통제 기조는 미군정 기간 내내 유지되었다. 시장에서 활동할 주체가 충분히 발달하지 않은 상황에서는 시장기구가 제대로 작동할 수 없었고, 이러한 공백을 메운 것은 정부의 개입, 즉 통제였던 것이다. 이러한 배경 때문에 우리 경제에서 정부의 역할은 매우 중요하였다.

인플레이션

인플레이션은 물가가 지속적으로 상승하는 현상이다. 이것은 국민들의 생계비에 직접 영향을 끼치는 것으로 국민들의 생활수준을 파악하기에 적절한 지표이다. 가령 인플레이션이 빠르게 진행되었다는 것은 그만큼 국민들의 생활수준이 어려워졌음을 의미한다. 미군정 기간에는 다양한 요인의 영향으로 물가가 빠르게 상승하였다.

일반적으로, 총수요가 빠르게 증가한 것이 무엇보다도 중요하였다. 우선 이 시기에는 인구가 빠르게 증가하였다. 1944년 5월 국세조사에 의해 파악된 남한의 인구는 1,656만 5천 명이었는데, 1946년 8월에 조사된 인구는 1,936만 9천 명으로 2년 동안 무려 300만 명이 증가하였다. 1949년 5월 정부 수립 이후 최초의 인구조사에서 파악된 인구가 2,017만 명이라는 점을 감안하면, 해방 직후에 인구가 얼마나 급증했는지 알 수 있다. 이러한 인구 증가에 중요하게 작용한 것은 사회적 이동이었다. 해방 이후 1947년 12월 말까지의 인구이동 실태를 보면, 이때까지 한국에서 외국으로 나간 외국인 수대부분은 일제강점기에 한국에 정주해 살았던 일본인는 59만 7천 명인 데 비해, 북한에서 남하한 사람과 해외에서 국내로 들어온 사람을 더한 한국인 입국자 수는 206만 8천 명이었다.[10] 이러한 인구 증가는 경제의 총수요를 빠르게 증가시키는 중요한 요인이었다.

통화량의 급증도 총수요를 증가시키는 요인이었다. 한국은행당시 조선은행의 화폐 발행액은 1945년 8월 14일 현재 480만 원이었는데, 같은 해 9월 말에는 849만 원으로 거의 갑절로 증가하였다. 해방을 전후한 시기에 화폐 공급량이 이렇게 급증한 것은 조선총독부 및 일본군에 대한 미지급금을 청산하고 철수하는 일본인의 예금 인출에 대응하기 위함이었다. 물론 그 이후에도 한국은행의 화폐 공급량은 매년 빠르게 증가하였다. 그 중요한 원인은 재정적자였다. 미군정 기간에는 사회적 혼란 속에

1945년 광복 후 귀환하는 해외동포를 실은 선박. 해외동포의 귀환은 생필품 수요를 증가시켜 재화 가격의 상승을 초래하였다.

서 세입 기반이 매우 취약하였다. 그러나 치안 및 행정, 미곡 및 공업원료 수집에 필요한 경비 등과 같은 재정 수요는 계속 팽창하였다. 이러한 세입과 세출의 차이를 메운 것은 한국은행의 화폐 발행이었다. 1945년 9월 현재의 화폐 발행액을 기준으로, 1948년 9월의 화폐 발행액은 거의 4배 정도로 증가하였다.

이 시기 인플레이션에는 경세의 총수요 증가도 중요하게 작용했지만, 앞에서 지적한 바와 같이 생산이 감소하여 수요의 증가에 공급이 따라가지 못해 더욱 악화되었다. 소비자들의 구매력은 증가했지만, 그러한 수요를 충족시켜줄 제품의 생산은 줄어들어 물가만 빠르게 상승한 것이다. 이 결과 국민들의 생활수준은 더욱 어려워졌다.

04

정부 수립, 새로운 출발

제헌헌법의 제정, 시장경제체제의 선택

미군정의 노력에도 불구하고 이 시기에는 정상적인 경제활동을 수행하기가 어려웠다. 대외무역이 재개되었지만 매우 제한되었고, 대내 경제활동도 시장기구가 제대로 작동하지 못해 정부의 통제에 의해 운영되는 상황이었다. 더욱 중요한 문제는 여전히 경제체제를 둘러싼 갈등이 상존한다는 점이다. 본격적인 경제활동을 재개하려면 우선 경제체제의 방향을 분명히 설정하고 그에 근거하여 경제구조를 재건할 필요가 있었다. 이것은 과도적인 성격을 갖는 미군정의 통치를 청산하고 대한민국 정부를 수립하는 것으로부터 시작되는 것이다.

정부 수립은 헌법 제정으로부터 시작한다. 헌법에는 한 나라의 정치·경제·사회에 적용될 기본 원칙이 담겨 있어 그 나라의 정체政體 및 경제체제의 특징 등을 확인할 수 있다. 여기에서는 경제체제의 특징에 한정해서 보기로 한다.

1948년 7월 17일 공포된 제헌헌법은 기본적으로 시장경제체제를 선택하였다. 계획경제체제 혹은 시장경제체제를 판가름할 수 있는 가장 중요한 지표 중의 하나는 재산권인데, 제헌헌법 제15조에서는 국민들의 "재산권은 보장된다"고 규정하였다. 그렇다고 오늘날처럼 개인들의 자유로운 경제활동이 인정된 것은 아니었고, 정부의 역할을 매우 강조하였다. 예를 들어 제헌헌법 제85조에서는 "광물, 기타 중요한 지하자원, 수산자원, 수력과 기타 경제상 이용할 수 있는 자연력은 국유로 한다"고 규정하였다. 제87조에서는 "중요한 운수, 통신, 금융, 보험, 전기, 수리, 수도, 까스 및 공공성을 가진 기업은 국영 또는 공영으로 한다"고 했고, 아울러 "대외무역은 국가의 통제하에 둔다"고 규정하였다. 제헌헌법에 따르게 되면, 중소 규모의 민영공장을 제외하고 대규모 기업, 생산활동을 지원하는 사회간접자본이나 자연자원 등은 전부 국가 소유하에 운영되어 정부 영역이 민간 영역을 압도하게 되었다.

이상과 같이 제헌헌법에서는 시장경제체제를 선택했지만, 정부의 영역은 컸고 그 역할은 매우 중요하였다. 게다가 제헌헌법에서는 기회의 균등 못지않게 결과의 평등도 중시하여 사회주의적 평등 이념을 강조하였다. 이런 점을 고려할 때, 한국에서 자유주의 시장경제체제로의 이행은 점진적으로 진행되었으며,

제헌헌법에서는 시장경제체제로 나아갈 수 있는 발판을 마련했다고 할 수 있다.[11]

그러나 초기적인 형태라 하더라도 이때 시장경제체제를 선택한 것은 매우 중요한 경제적 의의를 지닌다. 남북분단이 이루어지기 전에 남한과 북한은 단일 국가로서 동일한 제도와 정책의 적용을 받았고, 동일한 문화와 역사를 공유하였다. 그러나 해방 이후 두 나라는 서로 다른 경제체제를 선택했고, 그 기반 위에서 경제를 운영해왔다. 1960년대 후반까지 우리 경제는 북한 경제에 뒤떨어졌지만, 2010년 기준으로 한국과 북한 사이의 1인당 국민소득 격차는 19.3배나 벌어졌다. 이와 같이 한국과 북한 사이의 경제력 격차가 계속 확대되었던 가장 중요한 이유 중 하나가 해방 직후 두 나라가 서로 다른 경제체제를 선택한 것이라는 사실을 고려할 때, 제헌헌법 제정 당시의 선택이 얼마나 중요했는가를 이해할 수 있다.

대한민국 정부 수립

헌법을 통해 경제체제의 방향이 결정되었다면, 그것을 제도와 정책을 통해 구체화하는 것은 행정부이다. 이런 점에서 정부 수립은 우리 경제가 국민경제의 관점에서 성장과 안정을 위해 본격적으로 운영될 수 있는 기반을 확립했다는 의의를 갖는다.

정부 수립은 크게 세 방향에서 진행되었다. 첫째, 정부를 이

끌어갈 대통령과 부통령을 선출하는 것이었다. 대통령과 부통령의 선출 방법을 규정한 제헌헌법 제53조 제1항은 신생 정부의 대통령과 부통령은 국회에서 무기명 투표로써 선출한다고 규정하였다. 그 절차를 규정한 제2항에서는 재적의원 2/3 이상의 출석과 2/3 이상의 찬성투표로써 당선을 결정한다고 하였다. 국회는 1948년 7월 17일에 제헌헌법을 공포하고, 같은 날 오후 본회의를 재개하여 대통령과 부통령 선거를 7월 20일 오전과 오후로 나누어 각각 실시하기로 결정하였다. 7월 20일 오전 10시 무렵부터 실시된 대통령 선거는 11시 무렵 종료되었고, 곧바로 개표를 진행하였다. 이날 선거에 참석한 국회의원 196명국회의원 총수 200명 중에서 이승만은 180표를 얻었고, 김구金九는 13표, 기타 3표를 기록하여 이승만이 압도적인 표차로 대통령에 당선되었다. 같은 날 오후에 실시한 부통령 선거에서는 재적의원 197명 중에서 133표를 얻은 이시영李始榮이 당선되었다.

둘째, 정부조직법을 제정하고 그에 근거하여 정부 부처를 책임질 장관을 임명하는 것이었다. 정부가 수립될 당시 상황에서 정부조직법은 헌법에 비견될 정도로 중요한 법이었다. 그래서 1948년 6월 2일에 헌법 기초위원의 선정과 동시에 정부조직법 기초위원도 선정하였다. 이들이 성안한 법을 토대로 정부조직법은 심의되었고, 결국 헌법과 같이 1948년 7월 17일에 우리나라 법률 제1호로서 공포되었다. 이에 근거하여 7월 20일에 선출된 이승만 대통령은 국무총리와 정부 각 부처의 장관 인선작업에 착수하여 8월 4일에 최종 마무리하였다.

아직 공식적인 정부 수립 기념식을 거행하지 않았지만, 내각 인선과 함께 한국 정부는 본격적으로 활동하였다. 첫 국무회의는 내각 인선이 완료된 다음 날인 8월 5일에 개최되었다. 오전 10시에 중앙청 대통령실에서 열린 첫 국무회의는 이시영 부통령을 제외한 전원이 참석한 가운데 오후 12시 30분까지 속개되었다. 이날 국무회의에서는 ① 미군정으로부터의 행정권 이양 문제, ② 행정 각부의 구체적인 기구 개편에 관한 논의, ③ 시정 방침을 작성하고 이것을 국무총리가 발표하는 문제, ④ 대법원장으로 김병로金炳魯를 임명하기로 결정하고 오후에 국회 동의를 요청할 것 등이 논의·결정되었다.[12]

8월 5일 첫 국무회의가 열려 경제를 운영할 구체적인 제도와 정책을 수립하기 시작하였다.

마지막으로 중요한 것은, 첫 국무회의에서 논의된 대로 미군정으로부터 행정권을 넘겨받는 문제였다. 행정권 이양과 관련하여 두 개의 협정이 매우 중요하다. 첫 번째는 1948년 8월 9일 대한민국 대통령이 주한미군 사령관에게 발송한 통첩과 이에 응하여 8월 11일에 주한미군 사령관이 대한민국 대통령에게 발송한 통첩이다. 두 번째는 상기 두 통첩에 근거하여 1948년 9월 11일에 체결한 '대한민국 정부와 미국 정부 간의 재정 및 재산에 관한 최초협정'이하 최초협정, 조약 제1호이다. 한국 정부는 이 최초협정에 근거하여 미군정으로부터 일체의 재산과 행정권을 넘겨받아 한국 내에서 유일한 정부로 공식적으로 활동할 수 있게 되었다. 더욱이 한국 정부는 1948년 12월 12일에 제3차 UN 총회에서 한반도의 유일한 합법정부로 승인받았다.

6·25 전쟁, 자립을 위한 노력과 중단

01 공업에 유리한 재산권 구조의 확립

02 재정·금융제도의 정비

03 무역·외환제도의 정비

04 경제부흥을 위한 시도: 경제부흥계획

05 전쟁의 참화

정부 수립 후 정체되고 혼란에 빠진 경제를 정상 상태로 되돌리기 위해 두 가지 문제를 시급히 해결할 필요가 있었다. 우선 일제강점기에 적용되었던 것을 그대로 이어받았거나, 미군정 기간에 임시방편적으로 개정한 제도를 신생 국가의 국민경제에 맞게 정비할 필요가 있었다. 다음으로 중요한 것은 정부의 재건 의지를 보여주고 재건의 내용과 방향을 담은 부흥계획을 수립하는 것이었다. 당시는 공업화에 필요한 선행조건이 충족되지 않은 상태였기 때문에, 경제재건을 위해 정부의 역할은 매우 중요하였다.

정부 수립을 통해 경제체제의 선택과 정치 안정은 달성되었지만, 정체되고 혼란에 빠진 경제를 정상 상태로 되돌리는 문제는 아직 해결되지 않았다. 이를 위해 두 가지 문제를 시급히 해결할 필요가 있었다. 우선 다양한 경제 부문과 민간 경제주체의 활동에 영향을 주는 경제제도를 정비해야 했다. 정부가 수립되었지만 경제에 중요한 영향을 미치는 제도는 일제강점기에 적용되었던 것을 그대로 이어받았거나, 미군정 기간에 임시방편적으로 개정한 것이 그대로 적용되고 있었다. 따라서 경제를 재건하기 위해서는 기존의 제도를 신생 국가의 국민경제에 맞게 정비할 필요가 있었다.

이를 위하여 우선 제헌헌법에 근거하여 재산권 구조를 명확히 하고 국민경제 전체와 민간 경제주체의 활동에 영향을 주는 재정·금융제도 및 무역·외환제도를 정비해야만 하였다. 다음

군정법령 제21호, '법률 제 명령의 존속'

미군정은 1945년 11월 2일 군정법령 제21호 '법률 제 명령의 존속'을 공포하였다. 이 법령 제1조에 따르면, "모든 법률 또는 조선 구 정부(조선총독부)가 발포하고 법률적 효력을 갖는 규칙, 명령, 고시, 기타 문서로서 1945년 8월 9일 시행 중인 것은 그간 폐지된 것을 제외하고 조선 군정부의 특수 명령으로 폐지할 때까지 전 효력으로 이를 존속"시킨다고 하였다. 이에 근거하여 일제강점기에 적용된 모든 법령은 미군정 기간에도 효력을 갖게 되었다.

으로 중요한 것은 정부의 재건 의지를 보여주고 재건의 내용과 방향을 담은 부흥계획을 수립하는 것이었다. 당시는 공업화에 필요한 선행조건이 충족되지 않은 상태였기 때문에, 경제재건을 위해 정부의 역할은 매우 중요하였다.

이 장에서는 정부가 경제제도를 정비하고 경제부흥계획을 수립하는 등 경제재건을 위해 노력했지만, 그 성과가 나타나기도 전에 6·25전쟁이 발발하여 이러한 노력이 중단되는 과정을 살펴볼 것이다.

01

공업에 유리한 재산권 구조의 확립

농지개혁

대부분의 국민들은 지주제의 해체를 당연한 것으로 받아들였다. 여기에는 지주제가 식민지 체제를 지원했고 북한에서 토지개혁이 신속히 진행되었던 점이 중요한 배경이 되었다. 그러나 지주제의 해체는 귀속재산 문제와는 질적으로 달랐다. 귀속재산은 일본인 소유 재산을 대상으로 이루어지는 재산권의 변화였지만, 지주제는 일본인 지주는 물론 한국인 지주의 토지 또한 대상이 되기 때문이다. 일본인 지주의 토지는 귀속재산과 마찬가지로 처리할 수 있을 것이다. 그렇지만 법적으로 공인된 재산권에 근거하여 소유하고 있는 한국인 지주의 토지를 어떻게 처리하느냐가 문제였다. 이것이 중요한 이유는 경제에서 중요한 비중을 차지하는 지주계급의 운명이 걸린 문제였기 때문이다. 중요한 경제주체로서 지주계급의 몰락은 정부의 경제정책 방향이나 내용에 중대한 영향을 끼칠 수 있다. 이하에서는 이러한 입장에서 농지개혁의 전개 및 내용을 소개하고자 한다.

앞에서 설명한 바와 같이, 1946년 초가 되면 농지개혁 대상에 한국인 지주의 토지도 포함되어야 한다는 국민적 합의가 형성되었다. 그러나 농지개혁 방법에 대해서는 1947년 초까지만 하더라도 유상분배안과 무상분배안이 동시에 제기되었다. 미군정은 이런 문제를 해결하기 위해 1947년 10월에 조미토지개혁연락위원회朝美土地改革連絡委員會를 설치하였다. 이 위원회는 남조선과도입법의원·미군정 경제고문단·중앙경제위원회의 대표로 구성되었는데, 여기서 최종적으로 유상매수-유상분배안이 확정되었다.

남조선과도입법의원은 상기한 원칙에 따라 농지개혁법을 제정하려고 했으나 본회의에서 심의가 지연되어 법률로서 공표하지는 못했다. 이런 상황에서 미군정은 체제 혼란을 불식시키기 위해 1948년 3월에 귀속농지를 우선 분배하였다. 귀속농지의 분배조건은 농가 호당 2정보를 초과하지 않는 범위 내에서 해당 농지를 경작자소작인에게 매각하되, 가격은 해당 농지 생산물의 300%로 결정했고, 분배받은 농민은 이를 매년 생산량의 20%씩 15년간 현물로 분할 상환하도록 하였다. 논 20만 6천 정보, 밭 6만 3천 정보였던 귀속농지는 1948년 8월 말 현재

86%의 분배 실적을 기록하였다.[13]

이런 변화 속에서 일반농지의 개혁은 돌이킬 수 없는 흐름이 되었다. 제헌헌법 제86조는 "농지는 농민에게 분배"한다고 규정하였다. 그러나 정부 수립 이후 농지개혁은 순탄하게 진행되지 않았다. 여기에는 매상 및 분배 가격에 대한 견해 차이와 경제적 이해를 달리했던 정부와 국회 간의 갈등이 중요한 배경이 되었다. 정부가 농지개혁 법안을 작성하여 국회에 제출한 것은 1948년 11월이었다. 그러나 국회는 농지개혁법 심의를 계속 지연시키다 1949년 3월에야 본회의에 상정하여 심의하기 시작하였다. 정부와 국회의 갈등은 여기서 멈추지 않았다. 1949년 4월 국회를 통과한 농지개혁법은 분배가격보다 매수가격이 높게 책정되어 정부의 재정 부담을 가중시킬 위험이 있었다. 따라서 정부는 농지개혁법에 대해 거부권을 행사하여 국회로 돌려보냈지만, 국회는 이를 수정 없이 그대로 재의결하여 결국 1949년 6월에 농지개혁법은 공포되었다. 이 법은 정부의 재정 부담을 악화시키는 문제가 있어 수정이 예정된 상태였지만, 이를 통해 농지개혁이 최종적으로 확정되는 의의를 가졌다.

농지개혁은 1950년 3월 개정된 농지개혁법에 근거하여 본격적으로 추진되었다. 6·25전쟁 발발 직전까지 짧은 기간이었지만 농지개혁이 신속히 진행될 수 있었던 것에는 위에서 지적한 대로 1949년 6월에 농지개혁법의 제정이 매우 중요하게 작용하였다. 농지개혁법 공포 이후, 한편으로는 개정을 추진하면서 다른 한편으로는 농지개혁에 필요한 작업을 순차적으로 진행시켰기 때문에 법의 개정과 함께 곧바로 실무적으로 추진할 수 있었던 것이다.

三

農地改革法

1949년 6월 공포된 농지개혁법. 이를 통해 농업에 이해 기반을 가진 지주제가 해체되어 공업화에 유리한 환경이 조성되었다.

농지개혁은 상당한 성과를 거두었다. 우선 31만 7천 정보의 일반농지와 26만 8천 정보의 귀속농지가 분배되었다. 농지개혁을 통해 총 58만 5천 정보의 농지가 분배되었는데, 이것은 1945년 말 소작지 면적의 40%에 불과하였다. 물론 농지개혁은 해방 직후부터 기정사실이었기 때문에 농지개혁 시행 이전부터 농지개혁 대상 토지보다 더 많은 농지가 사전에 판매되었다. 초기 연구자들은 이러한 사실에 주목하여 농지개혁의 불철저성을 강조하였다. 그러나 최근 연구에서는 사전 판매가격이 분배가격보다 결코 높지 않았다는 점과 사전 판매를 통해 농지개혁이 지향한 소작지의 자작지화가 진전되었다는 점에서 농지개혁을 전후하여 전개된 일련의 상황을 긍정적으로 평가한다. 즉, 1945년 말 현재 35%에 불과했던 자작지가 1951년 말에는 96%로 증가하여, 농지개혁을 통해 지주제가 해체되고 자작농

체제가 성립되었다고 평가한다.[14]

지주제가 해체된 것에는 우리 경제의 전개와 관련하여 매우 중요한 의의가 있다. 통상 농지개혁의 의의로서 자작농 체제의 성립을 강조하지만, 그것이 경제에 끼친 영향 못지않게 중요한 것은 지주제가 해체되었다는 점이다. 다시 말하면, 지주가 몰락했다는 것은 농업에 이익 기반을 둔 지배계급의 몰락을 의미한다. 이런 정치지형은 정부가 농업보다는 공업에 유리한 정책을 채택할 수 있게 한 배경이 되었다.

귀속재산 처리

군정법령 제2호와 제33호를 통해 미군정이 귀속재산을 접수했지만, 여전히 해결해야 할 문제는 남아 있었다. 귀속재산이 국민경제에서 차지하는 비중을 고려할 때 누가 그것을 관리할 것인가, 어떻게 처리할 것인가 하는 문제가 특히 중요하였다. 귀속재산 관리에 대해서는 세 가지 흐름이 존재하였다.

하나는, 앞에서 지적한 바와 같이, 귀속재산을 노동자가 직접 관리하겠다는 노동자자주관리운동이었다. 그러나 이 운동은 미군정의 체제 이념과 맞지 않아서 영향력을 확대할 수 없었고, 미군정이 전국적인 범위에서 귀속재산에 대한 통제권을 확립한 1946년 후반에는 소멸되었다.

다른 하나는 미군정, 더 정확히 말하면 미국인이 계속 귀속재산 관리권을 유지하고자 하는 것이었다. 1946년 9월 군정청 각 부처의 장관은 미국인에서 한국인으로 대체되었고, 이때 미국인은 각 부처의 고문관으로 물러나게 되었다. 이 과정에서 미군정은 귀속재산의 관리 주체를 관재처에서 미군정 각 부처의 미국인 고문관으로 변경하는 조치를 취했다. 물론 이것은 한국인들의 반대에 부딪혀 좌절되었지만, 미국인은 귀속재산 관리에 대해 강한 의지를 보였다.

마지막 흐름은 한국인이 관리권을 갖고자 하는 것이었다. 결국 1947년 3월에 이 흐름이 실현되었는데, 이때부터 미군정 한국인 장관에게 귀속재산 관리권이 넘어갔다. 그렇다고 미군정 내의 미국인으로부터 독립하여 귀속재산을 운영할 수 있는 권한이 주어진 것은 아니었다. 최종 의사결정권자로서 미군정의 실체는 여전히 유효했기 때문에 한국인 장관은 이들의 감독을 받아야 했다.

관리와 감독이 이원화되었다고 귀속재산 처리에 갈등과 대

귀속재산 관리와 감독: 관재령 제8호와 제9호

1946년 12월에 제정된 관재령 제8호 '각종 귀속사업체 운영에 관한 건'은 미국인 고문관에게 귀속재산의 관리권을 이관한 것이었다. 이에 대해 한국인들은 행정권을 한국인에게 이양한다는 미군정의 방침과도 어긋난다며 강하게 반대했고, 결국 미군정은 1947년 3월 관재령 제9호(관재령 제8호 개정)를 제정하여 관리권을 미군정의 한국인 장관에게 넘겨주었다.

립이 있었던 것은 아니다. 미군정 내의 한국인과 미국인은 동일한 경제체제를 지향했기 때문에, 세부적인 방법에서는 서로 간에 차이가 있을 수 있었지만, 귀속재산을 불하한다는 입장에는 동의하였다. 이에 미군정은 국민경제와 민간 경제주체에 커다란 영향을 끼치는 대규모 사업체의 불하는 한국 정부 수립 이후로 미루고, 우선 부담이 적은 소규모 사업체의 불하를 결정하고 1947년 3월 24일에 그 요령을 발표하였다.'군정법령 제33호에 의하여 군정청에 귀속된 소 사업기관 처분에 관한 건' 이에 따르면, 1945년 6월 현재 장부가격이 100만 원 미만인 사업체를 대상으로 불하하고, 이런 사업체가 특정인에게 불하되는 것을 막기 위해 입찰 경매를 통해 최고가격 입찰자에게 불하한다고 하였다. 이를 통해 불하된 소규모 사업체는 금액으로는 0.5%에 불과했지만, 건수로는 20%를 훨씬 웃돌아 상당히 많은 소규모 사업체가 불하되었음을 알 수 있다.

정부 수립 직후, 미군정 소유였던 귀속재산은 한국 정부에 전부 이관되었다. 미국 정부와 체결한 '재정 및 재산에 관한 최초협정'에서 한국 정부는 미군정 기간에 이루어진 모든 통치행위를 인정함과 동시에, 미군정이 소유·관리했던 일체의 귀속재산을 넘겨받았다. 이후 귀속재산 처리는 한국 정부 주도로 진행되었다.

장기적인 관점에서 볼 때 이러한 귀속재산 처리과정에서 두 가지 문제가 매우 중요하였다. 첫째, 귀속재산, 특히 귀속재산에서 가장 큰 비중을 차지한 귀속기업체의 매각이 법으로 확정되었다는 점이다. 물론 제헌헌법 제87조 규정에 의해 '운수·통신·금융·전기·수도 등과 같은 사회간접자본과 중요한 광산, 제철소, 기계공장 등과 같이 공공성을 가진 기업체는' 국유로 남아 있었지만, 이를 제외한 일체의 귀속기업체는 불하가 결정되었다. 정부는 신속한 경제부흥을 위해서는 하루 빨리 귀속기업체를 불하해야 한다고 생각하였다. 그래서 1949년 2월 국회에 제출한 귀속재산처리법 심의가 지연되자, 정부는 동 법이 제성되기 이전이라도 파손될 염려가 큰 소규모 기업체를 불하하기 위해 별도의 행정명령을 준비하였다. 이런 행동이 국회의 반대로 무산되자 정부는 1949년 9월 국회에 대통령 교서를 보내 귀속재산처리법의 조속한 처리를 요청하였다.[15] 이와 같이 정부와 국회의 갈등 때문에 귀속재산처리법은 국회에 동 법이 제출된 지 10개월이 지난 1949년 12월에 공포되었지만, 이를 통해 귀속기업체 불하 원칙은 법으로 보장되었다. 귀속기업체 불하는 시장영역

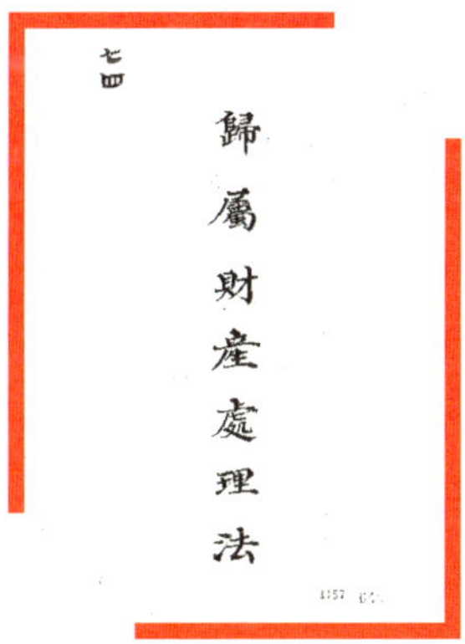
歸屬財産處理法

1949년 12월 공포된 귀속재산처리법. 귀속재산 중 가장 큰 비중을 차지하는 귀속기업체의 민간 불하가 결정되어 민간기업 발전의 기반이 마련되었다.

의 확대를 의미하며, 공업화와 경제발전에 유리한 제도적 기반을 이룬다는 중요한 의의를 갖는 것이었다.

둘째, 기업 친화적 기반을 마련했다는 점이다. 귀속재산처리법이 제정되는 과정에서 가장 중요한 쟁점은 두 가지였다. 하나는 농지개혁으로 토지가 몰수되어 새로운 경제활동이 막막한 지주에 대한 대책을 마련했다는 점이다. 처음 정부가 제출한 귀속재산처리법에는 지주 대책이 없었다. 이것은 정부와 국회의 갈등 요인이었는데, 국회 심의과정에서 귀속기업체를 구매할 수 있는 우선권자에 지주들을 포함시켜 해결되었다. 당시 이 주장은 '지주자본의 산업자본으로의 전환'이라 해서 많은 사람의 주목을 받았지만, 지주자본이 산업자본으로 전환하여 성공한 사례는 매우 드물었다. 그렇다고 이런 시도와 분위기가 과소평가되어서는 안 된다. 사실 지주자본의 산업자본으로의 전환이

지가증권의 사용

지주자본이 산업자본으로 전환하여 성공한 사례는 거의 없지만, 농지 매수대금으로 정부가 발행한 지가증권이 귀속재산 구매자금으로 많이 이용되어 산업자본 형성 및 성장에 크게 기여하였다. 지가증권은 당시 증권시장에서 거래되었는데, 시장에 나온 지가증권을 산업자본가가 구입하여 귀속재산 구매대금으로 납입하는 경우가 대부분이었다. 정부가 발행한 지가증권의 42% 정도는 이와 같이 귀속재산 대금으로 다시 정부에 환수되었다(이영훈·최상오 외, 2005, 234~236쪽).

란 말 속에는 정책의 초점이 농업에서 공업으로 이동하고 있다는 의미가 담겨 있었다.

다른 하나는 귀속기업체 불하과정에 종업원의 참여를 어느 수준까지 허용하느냐 하는 문제였다. 처음 국회에 제출한 정부 안에서 귀속재산 불하에는 임차인·관리인이나 연고자만이 참여할 수 있었다. 그러나 국회에서 이 법이 통과되는 과정에서 '종업원조합'에게 귀속기업체의 지분을 3할 보유할 수 있게 하는 조항이 포함되었다. 종업원조합에게 일정 규모의 지분을 사전에 할당하는 이 법을 받아들일 수 없었던 정부는 거부권을 행사함과 동시에 수정안을 제시하여 국회에 반송하였다. 결국 귀속재산처리법은 정부에서 제의한 안을 국회가 그대로 수용하여 1949년 12월에 통과되었는데, 여기서는 우선권자로서 종업원 개인이 귀속기업체 불하과정에 참여하는 것을 허용하였다. 이와 같이 종업원조합에게 일정 비율의 지분을 주는 것과 종업원 개인이 귀속기업체 불하에 참여하는 것은 기업 지배구조에 커다란 차이를 야기하여 궁극적으로 기업 성과에도 중요한 영향을 미치게 된다. 귀속재산처리법에서는 기업 지배구조를 단순화하여 기업 경영에 유리한 환경을 조성했다고 평가할 수 있다.

02

재정·금융제도의 정비

세법의 제정

미군정 기간의 세법은 앞에서 지적한 바와 같이 군정법령 제21호에 근거하여 일제강점기에 적용되던 것을 그대로 이어받았고, 이후 필요에 따라 각 세법을 개정하거나 폐지해갔다. 1945년 8월 15일 현재 적용된 세법 수는 총 35개였고, 이 중에서 미군정 기간에 폐지된 것은 12개였다. 폐지된 세법은 전시에 조세수입의 증대를 위해 임시적으로 도입된 것이 대부분이었는데, 이것은 전시경제가 평시경제로 전환되면서 취해진 당연한 조치였다. 미군정 기간에 세법 개정도 총 15차례 이루어졌는데, 대부분은 전시에 세율이 크게 상승한 것을 다시 정상 수준으로 되돌리는 조치였다.

정부 수립 직전에 효력을 가진 세법은 총 23개였는데, 이것은 일제강점기의 세제를 그대로 계승한 것이나 다름없었다. 그러나 정부 수립 직후에 처한 경제 여건은 일제강점기와는 근본적으로 달랐다. 일본 정부의 특별회계로 편성된 일제강점기 예산은 해방 이후 정상 상태를 회복하여 한국 정부의 일반회계로 편성되었다. 이것은 정부 지출에 필요한 자금을 정부 수입으로 조달해야 함을 의미한다. 따라서 미군정 기간의 재정적자는 계속 유지될 수 없었고, 정부 지출에 맞게 정부 수입을 증대해야 했다. 1948년 10월 초에 김도연金度演 재무부 장관이 국회에서 발표한 재무부 시정방침에 따르면, 재무부의 중점 과제는 건전재정을 확립하는 것이었다. 또한 정부는 해방과 남북분단, 그리고 정치 불안으로 인해 침체된 경세를 다시 부흥시켜야 했다. 정부 수립 직후에 새롭게 세법을 제정해야 한다는 논의가 활발하게 제기된 것은 이런 배경에서였다.

정부는 1948년 9월 세제개혁위원회를 설치하여 새로운 세법을 제정하기 위한 준비작업에 착수하였다.[16] 이 위원회에서는 "전 지역, 각 개인을 통해서 부담의 균형을 도모하며, 또 국세 상호 간, 국세와 지방세 간의 연락을 조정하고, 기타 세율을 조정 및 합리화시킨다는" 목표 아래 세제개혁요강을 발표하였다. 이 요강의 내용을 간략히 정리하면, '국민의 경제활동을 촉진하고 경제부흥에 이바지하며 인플레이션으로 소득 분배가 악화되는 것을 방지하는 방식'으로 세제를 정비할 것을 강조하였다.

정부 수립 이후 1950년 6월까지 정부가 새로 제정한 세법은 총 17개였다. 대부분의 세법이 정부 수립과 함께 새로 제정되었고, 이 기간에 제정되지 않은 것은 6·25전쟁 발발 직후에 대부분 새로 제정되었다.

1950년 4월 현재 발효된 세법은 총 23개였고, 그중에서 직접세는 6개, 간접세는 16개였다. 소득세, 법인세, 영업세는 국민의 경제생활과 국민경제의 안정과 부흥에 미치는 영향, 그리고 정부의 조세수입에서 차지하는 비중이 매우 높아 가장 빨리 제정된 세법이었다. 그중에서 1949년 7월 제정된 소득세법법률 제33호은 정부 수립 이후 가장 먼저 제정되었다. 이 법에서 소득은 일반소득과 특별소득으로 구분되었는데, 오늘날의 소득세제와 비교하면 이 시기의 소득세제가 소득 재분배에 특히 중점을 두었음을 알 수 있다. 이 시기의 일반소득은 2013년 현재 적용되는 소득세법의 종합소득과 유사하다. 오늘날 종합소득의 소득구간은 5단계로 구분되어 있고, 최고 소득구간의 한계세율은 35%에 불과하지만, 정부 수립 직후 소득세법의 소득구간은 17단계로 구분되었고, 최고 소득구간의 한계세율은 65%였다. 1949년 11월 제정된 법인세법과 법인 이외의 사업자에 적용되는 영업세법에는 비례세율이 적용되었는데, 이것은 경제부흥을 촉진하기 위한 선택이었다.

한국은행의 설립

중앙은행은 유일한 발권기관으로서 통화와 대외지급수단을 관리하고 통화정책을 수립·집행하여 한 나라 경제의 안정과 성장에 지대한 영향을 끼치는 기관이다. 이러한 역할을 수행하는 중앙은행은 일제강점기에 설립되어 해방 직후에도 그대로 승계되어 활동하였다. 일제하 중앙은행인 조선은행은 일본은행권을 중심으로 하는 엔円 본위제에 포함되어 통화 발행에 제한을 받는 등 중앙은행 기능이 제약되었다.

해방 이후 우리 경제는 이전과 크게 다른 통화제도에 직면하였다. 이전에는 일본은행권만 있으면 대외거래에 아무 제약을 받지 않았지만, 해방 이후에는 달러가 세계의 기축통화가 되어 대외지급수단에서 커다란 변화가 있었다. 더욱 중요한 것은 관리통화제도를 기반으로 통화를 관리했기 때문에 통화정책은 정부의 중요한 정책수단이 된 것이다. 일제하의 조선은행은 이런 환경 변화에 대응할 수 없었기 때문에 중앙은행 개편 논의는 미군정 기간부터 제기되었다.

이에 가장 먼저 대응한 것은 한국은행[17]이었다. 1947년 4월 한국은행에 의해 준비된 중앙은행 개편안 내용은 이사회를 구성하여 이 이사회를 통화정책의 최고의결기구로 삼는다는 것이었다. 이와 별도로 남조선과도정부 재무부는 금융제도 전반의 개혁을 위한 자체 준비에 착수하였다. 이에 1948년 3월에 재무부 산하에 금융법규조사위원회를 설치했고, 이 위원회에서 금융법규대강 초안을 작성하였다. 이 초안은 중앙은행 설립에 관한 내용 이외에도 장기산업금융기관으로서 한국산업은행의 설립, 외환은행으로서 한국환금은행의 설립 등의 내용을 담고 있었다. 그러나 미군정하에서 이러한 노력은 소기의 성과를 거둘 수 없었고, 다만 이후 금융제도 개편의 참고자료로서 활용될 수 있었다.

중앙은행을 개편하고자 하는 시도는 정부 수립 이후 구체화되었다. 한국은행은 독자적으로 세계 각국의 중앙은행제도를 조사·연구하여 1948년 말에 중앙은행법 초안을 완성하여 정부, 국회, 주한 경제협조처 등에 제출하였다. 재무부는 재정금

1950년대 한국은행 전경. 한국은행의 설립으로 우리 경제의 성장과 안정을 위한 통화신용정책을 시행하게 되었다.

융위원회 내에 금융분과위원회를 설치하고 그 위원회로 하여금 한국은행에서 건의한 중앙은행 법안을 검토하도록 하였다. 이에 근거하여 재무부는 새로운 중앙은행법을 만들기 시작하여 1949년 초에 정부안을 완성하였다. 정부안의 특징은 중앙은행을 독립된 통화신용정책 기구가 아니라 재무부의 통제를 받는 기구로 자리매김했다는 점이다.

정부는 입법 절차에 들어가기에 앞서 국제적인 금융전문가의 검토와 자문을 받기 위해 미국 연방준비제도이사회FRB, Federal Reserve Board에 금융전문가의 파견을 요청하였다. 이에 뉴욕 연방준비은행Federal Reserve Bank은 동 은행의 국제수지조사국장 블룸필드 A. Bloomfield 박사와 감사국 차장 젠슨J. Jensen을 파견하였다. 이들은 한국은행안과 정부안을 참고하여 한국은행법 초안을 완성하여 1950년 2월 4일 정부에 제출하였다. 이들이 제안한 법에서 가장 쟁점이 되었던 것은 금융정책의 최고의결기관으로서 금융통화위원회를 둔 것이다. 이들은 관리통화제도하에서 정부의 통제를 받지 않는 독립기구에서 통화정책을 수립할 때만 인플레이션 문제를 해결할 수 있다고 판단하여 미국 연방준비제도이사회를 모방하여 독립적인 의사결정기구로서 금융통화위원회를 설치한 것이다.

미국의 금융전문가가 제출한 안을 토대로 작성한 한국은행법이 1950년 4월 18일 국회 본회의에 상정되었다. 국회 심의과정에서 가장 논란이 되었던 것은 금융통화위원회의 성격과 기능이었지만, 상기한 논리가 그대로 받아들여져 한국은행법은 동년 4월 21일 국회를 통과하여 5월 5일에 법률 제138호로서 공포되었다. 이 법에 따라 한국은행은 우리나라 유일의 발권기관으로서, 그리고 금융통화위원회는 금융정책의 최고의결기관으로서 위상을 확립하였다. 오늘날의 중앙은행 구조는 이때 만들어진 것이다.

03

무역·외환제도의 정비

무역의 통제

자원이 빈약하고 자본과 기술 수준이 낮은 경제 여건에서 경제부흥을 달성하기 위해서는 무역이 활발히 이루어져야 한다. 그렇지만 정부는 외환에 대한 수요가 큰 반면 외환 공급이 부족한 경제상황을 고려하여 무역 통제 기조를 그대로 유지하였다. 제헌헌법 제87조는 "대외무역은 국가의 통제하에 둔다"고 규정했고, 제헌헌법에서 경제 장章을 크게 수정한 제2차 개정헌법1954. 11. 29에서도 "법률에 정하는 바에 의하여"라는 자구字句만 삽입되었을 뿐 국가에 의한 무역 통제는 그대로 유지되었다.

무역 통제는 수출입허가제와 수출입계획에 근거하여 이루어졌다. 수출입 허가제는 매 수출입 건마다 상공부의 허가를 받도록 한 것인데, 이것은 1955년 9월에 크게 완화되었다. 이때부터 상공부에서 발표한 수출입계획에 부합할 때에는 굳이 상공부의 허가를 받지 않아도 수출입이 가능하게 되었다.

수출입계획은 1950년대 내내 계속 사용된 무역 통제의 핵심 제도였다. 흥미로운 것은 수출계획도 매 분기마다 공표되었고, 더욱이 수출허가품목만이 공표되어 '원칙 제한, 예외 자유'라는 포지티브positive 방식으로 운영되었다는 점이다. 대체로 외환 부족에 직면한 저소득 국가에서는 수출을 장려하고 수입을 통제하는 것이 관례인데, 1950년대 초기에는 수출도 규제되었다. 이것은 전쟁에 의한 파괴로 국내 수요를 국내 생산을 통해 공급할 수 없었던 만성적인 초과수요의 상황에서 국내에서 공급 가능한 물자를 수출보다는 국내 생산에 우선적으로 사용하기 위한 조치였다. 그러나 생산이 점차 회복되고 외환 문제가 더 중요해지면서 수출을 이와 같은 방식으로 운영하는 것이 한계에 직면하였다. 이러한 모순된 상황은 계속 유지될 수 없어서 1955년 1월 발표된 수출계획에서부터는 수출금지품목만이 발표되어 수출이 자유화되었다.

수출과 달리, 수입은 1950년대 내내 정부가 철저히 통제하였다. 1949년 1월에 도입한 수입할당제는 수입을 통제하기 위한 핵심 수단이었다. 이것은 수입품 각각에 대해 수입 쿼터를 책정하고, 각 상품을 수입할 때마다 상공부의 허가를 받도록 규제한 것이다. 그러나 시간이 지나면서 수입할당제는 점차 완화되어

1954년 4월에는 쿼터를 책정한 품목과 그렇지 않는 품목을 구분하여 발표했고, 1955년 1월에는 개별 품목에 대한 수입 쿼터는 정하지 않고 수입 총액만 발표하였다. 마침내 1955년 7월에는 수입 총액마저 할당하지 않은 채 수입계획을 발표하여, 수입할당제는 이때 완전히 폐지되었다. 그렇다고 수입에 대한 규제가 완전히 폐지된 것은 아니었다. 정부는 수입할당을 책정하지 않았지만, 수입할 수 있는 품목을 매 반기마다 수입계획을 통해 발표했기 때문에 수입은 여전히 정부 통제하에 이루어졌다. 이와 같이 포지티브 방식으로 관리되던 수입이 '원칙 자유, 예외 제한'이라는 네거티브negative 방식으로 변경된 것은 1967년 4월 GATTGeneral agreement on Tariff and Trade에 가입한 이후였다.

이상과 같이 1955년 이후 수출을 포함한 일부 무역활동에 대한 규제가 완화되었지만, 전반적으로 볼 때 1950년대의 무역제도는 규제적이었다. 물론 이러한 규제가 무역활동을 제약하기도 하였으나, 외환이 부족했던 당시 상황에서는 불가피한 측면도 있었다.

관세법 제정

관세는 두 가지 점에서 독립된 우리 경제에 중요한 기여를 할 수 있다. 하나는 정부의 재정 수입을 증대시킬 수 있다는 점이고, 보다 더 중요한 것은 국내 산업을 보호·육성할 수 있는 산업정책의 수단으로 활용할 수 있다는 점이다.

일제하에서 대외무역의 80%는 일본과 이루어졌다. 그렇지만 두 지역은 단일관세지역에 해당되었기 때문에 일본에 대한 독자적인 관세정책이 시행될 수 없었다. 미군정 기간에는 관세법을 개정하여 모든 수입품에 대해 일률적으로 10%의 관세를 부과했는데, 이것은 재정 수입을 증대시킬 수는 있지만 국내 산업을 보호·육성할 수 있는 기능은 배제된 것이었다. 정부 수립 직후 관세법 제정은 이런 배경 위에서 진행되었다.

표 2는 1949년 11월에 제정된 관세법에 근거하여 세율별 수입품목 수를 정리한 것이다. 관세율표에 기록된 총 수입품목 수는 1,696개였는데, 이들에는 다양한 세율이 적용되었다. 가령 최고 세율인 100%가 부과된 품목은 샴페인, 포도주, 위스키 등과 같이 사치품에 해당하는 것이었으며, 반대로 전체에서 9.5%를 차지하는 무세품은 석유, 섬유 원료, 화학약품 등과 같이 산업 생산에 직접 필요한 것이었다. 다른 세율에서도 이런 원칙은 그대로 적용되었다. 일반적으로 말해, 국내 산업을 육성하는 데 필요한 원료, 연료와 중간재, 기계류에 해당하는 수입품에 대해

	세율(%)											
	0	10	15	20	25	30	35	40	50	60	80	100
품목	161	333	133	241	105	109	276	226	31	41	27	13
비중	9.5	19.6	7.8	14.2	6.2	6.4	16.3	13.3	1.8	2.4	1.6	0.8

출처: 법률 제67호, 관세법(1949. 11. 23), 관세율표.

표 2 세율별 수입품목 수 추이

서는 낮은 관세율을 적용하였고, 최종소비재이면서 국내 산업과 경쟁 관계에 있거나 국내 산업 발전을 도모할 필요가 있는 수입품에 대해서는 높은 관세율을 적용하였다.

외환예치집중제

미군정 기간의 대외무역은 우리 무역상이 주도하지 못했다. 무역은 외국 상인이 우선 수입품을 국내에 가지고 들어와 수출품과 교환하는 방식으로 이루어졌다. 따라서 수출을 적극적으로 추진했다기보다는 수입에 대응하여 수출이 이루어지는 수동적인 형태의 무역이었나. 이런 상황에서 무역을 통해 국내의 대외결제수단으로서 금과 달러 등이 유출되는 것을 방지하기 위해 물물교환에 근거한 무역을 강제하였다. 또한 1947년 6월 조선환금은행을 설립하여, 수입품 매각대금은 전부 이 은행에 예입한 다음 수출품을 구입할 때 사용하도록 강제하여 대외결제수단의 유출을 억제하고자 하였다.

1948년부터는 적극적인 수출이 강조되었다. 수입 수요는 큰데 이를 결제할 수 있는 외환이 부족했기 때문에 외환 공급수단으로서 수출 증가의 필요성이 커진 것이다. 물물교환 방식으로 거래되던 수입과 달리, 수출은 외환 베이스로 거래하였다. 정부는 수출업자의 수출을 촉진하기 위해 1948년 2월 처음으로 무역금융제도를 도입하여 수출물자 수집에 필요한 자금을 상품 시가의 5할 이내에서 융자해주기로 하였다.

이런 상황에서 외환관리의 필요성은 자연스럽게 대두되었다. 1948년 5월 외국환 국내 송금에 관한 규정이 제정되었다. 이 규정에 따르면, 해외에서 국내에 송금된 외환의 수령자는 이 외환을 조선환금은행에 예치해야 했고, 조선환금은행은 그 증거로서 외환예입증을 발행하였다. 이 은행에 예입된 외환을 사용하려면 상공부의 허가를 받아야 했다.

정부 수립 이후에 이런 외환 통제 방침은 더욱 강화되었다. 1948년 10월 8일 공포된 재무부 장관 통첩 '외국환 및 외국증권 등 통제에 관한 건'은 이에 해당하는 것이다. 이 통첩에 따르면, 외환의 자유매매를 원천적으로 금지함과 동시에 조선환금은행에 집중시킬 것을 요구하였고, 외환예입증은 수출을 통해 획득한 외환에 한정하여 발행하였다. 1949년 6월 13일 공포된 대통령령 제132호 '대외무역, 기타 거래의 외국환 취급규칙'은 외환예치집중제를 공식화한 법령이었다. 이 법령에 따르면, 국내에서 외환을 소지한 자는 이를 조선환금은행에 예입하거나 매각해야 하였다. 매각할 경우 중요한 것은 환율이어서 정부는 그와 동시에 1949년 6월 13일 재무부 고시 제2호 '조선환금은행의 외국환 매매 일반 환율 결정'을 공포하였다. 조선환금은행의 달러 매입 환율은 1달러당 0.9원, 매각 환율은 1달러당 0.95원으로 결정되었다.

외환을 획득한 민간 경제주체는 이를 조선환금은행에 매각 혹은 예입하는 방법 중에서 하나를 선택해야 했지만, 이것을 결정하는 데 환율은 매우 중요하였다. 당시 정부는 외환 매각 환율을 시장 환율보다 낮게 결정하여 대부분의 사람은 매각보다 예입을 선택하였다. 대외결제수단 업무를 인계한 한국은행은 이런 상황을 수용하여 외환관리 방침을 결정하였다. 한국은행법에 따르면, "한국 내에 거주하는, 한국의 국적을 가진 자연인과 법인은 자신이 취득한 모든 외환을 한국은행의 당해인 계정에 예치"하도록 규정하였다. 게다가 이 외환은 외환 소유자가 자유롭게 사용할 수 없고 정부에서 정한 규칙에 따라 사용될 수 있었다. 당시에는 이것을 외환예치집중제라고 불렀는데, 이 제도는 1961년 2월까지 유지되었다.

04

경제부흥을 위한 시도: 경제부흥계획

미군정 기간에는 경제활동이 원활히 이루어질 수 없었다. 해방과 남북분단으로 경제의 재생산구조는 붕괴되었고, 수많은 정치단체들은 정치체제와 경제체제의 선택을 둘러싸고 대립하였다. 그러나 정부 수립 이후 체제 선택을 둘러싼 갈등은 점차 해소되어갔고, 재정·금융 및 무역·외환에 관한 제도를 수립하여 경제활동을 위한 제도적 기반 또한 정비되었다. 이를 배경으로 이승만 정부는, 앞에서 지적한 바와 같이, 미군정 기간 이래 침체된 경제를 신속히 재건하기 위해 경제부흥계획을 수립하였다.

우리나라에서 최초로 작성된 경제계획은 1949년 1월에 시작하여 동년 4월에 완성된 경제부흥 5개년계획1949~1953이었다. 정부는 경제부흥계획의 수립을 전담하는 기구로서 기획처를 정부 수립과 동시에 국무총리 소속기관으로 설치했는데, 이 계획은 기획처 중심으로 관계 부처 직원이 40여 일간의 연석회의를 통해 작성하였다. 이 계획은 박정희朴正熙 정부하에서 작성된 경제개발 5개년계획과 비교하면 계획 작성 기법이 조잡하다고 할 수 있지만, 당시의 시대 상황과 정부의 부흥 구상을 이해할 수 있다는 점에서 커다란 의의가 있다.

기획처 직제가 정비되고 서기관급 이상의 직원이 1948년 12월에서 1949년 1월 사이에 임명되었다는 사실을 고려할 때,[18] 이 계획이 아주 신속하게 작성되었음을 알 수 있다. 정부가 부흥계획을 다른 무엇보다 신속히 작성한 것은 그만큼 경제부흥에 대한 열망이 컸음을 보여준다. 1948년 9월 국회에서 행한 대통령 시정방침 연설에서 이승만 대통령은 경제부흥을 가장 중요한 정부 목표로 상정하였다. 그렇더라도 계획을 수립해야 하는 관료의 능력이 부족했다면, 부흥계획은 수립되기 어려웠을 것이다. 식민지 말기 전시통제경제의 경험에 더해 시장기구가 제대로 작동하지 않은 미군정 기간에도 정부 계획에 의한 경제 운영이 계속 이어져, 이 시기에는 부흥계획 수립에 대한 지식과 노하우가 상당 정도 축적되어 있었다.

1950년대 부흥계획의 대부분은 주한 원조기구와의 협의를 통해 수립되었는데, 경제부흥 5개년계획은 한국 정부가 외국의 자문과 지원을 받지 않고 독자적으로 수립한 계획이었다.[19] 게다가 이는 1949년 4월 15일 국무회의에 상정되어 통과된 정부의 공식 계획이었다. 이런 점에서 이 계획은 정부의 경제부흥 구상을 보여준다. 계획의 내용을 간략히 소개하면 다음과 같다.

이 계획은 제1차 산업과 제2차 산업에 포함되는 생산활동을 총 21개 부문으로 나누고, 각 부문에 해당하는 주요 생산물의 5개년간의 목표량을 제시하였다. 21개 부문에는 농업, 임업, 잠사업, 광업, 철강공업, 기계공업, 방직공업, 제지업, 식료품공업, 전력 등이 포함되었으며, 이를 다시 각 부문에 포함되는 주요 생산물로 세분하여 목표량을 제시하였다. 전력의 사례를 통해 계획의 작성과정을 살펴보면, 우선 전력에 대한 각 연도의 수요량을 결정하고, 현 생산능력과 실적을 파악한 다음 부족분에 대해 시설 건설을 통해 최종적으로 전력 수급이 일치하도록 계획을 세웠다. 더욱이 이 계획은 각 부문의 생산을 유지하고 새로운 시설을 건설하는 과정에서 필요한 원료, 자재 및 기계 등은 국내에서 조달할 수 있는 것은 최대한 국내에서 조달하고, 국내에서 조달할 수 없는 것에 한해 수입한다는 방침하에 최종 목표량을 달성할 것을 강조하였다.[20]

이승만 정부는 국민경제 전체적으로 볼 때 공급이 부족한 상황을 해결하기 위해 경제가 신속히 부흥되기를 원했으며, 주요 경제 부문의 생산을 최대한 확대하여 이러한 목표를 달성하고자 하였다. 물론 이 시기에 경제부흥 5개년계획과 같이 경제의 대부분을 포괄하는 전체 계획만 작성한 것은 아니었다. 경제

각 부문을 관장하는 정부 부처에서 이 전체 계획에 근거하여 부문별 계획을 수립하기도 하였다. 여기에는 농업증산 3개년 계획1949~1951, 석탄생산 5개년계획1949~1953, 전력증강 5개년계획1949~1953 등이 포함된다. 그러나 이들 계획은 본격적으로 실행되기에 앞서 전쟁을 맞이하면서 무산되었다.

05

전쟁의 참화

생산시설의 파괴

6·25전쟁은 우리 경제의 정상적인 흐름을 완전히 역전시켰다. 정부 수립 이후 경제는 안정되는 기미를 보였고 그 기반 위에서 부흥을 위한 노력을 적극적으로 추진하고 있었지만, 그러한 노력은 결실을 맺기 전에 좌절되었다. 전쟁은 한국의 일부 지역을 제외한 전 국토에서 전개되어 피해는 전국적으로 발생하였다. 특히 서울을 포함한 수도권에서는 전쟁의 공방 속에서 피해가 더욱 컸다. 1951년 3월 무렵부터 전선은 38선을 경계로 고착되었지만, 1953년 7월 휴전이 성립할 때까지 정상적인 경제활동은 어려웠다.

표 3은 6·25전쟁의 피해를 공보처가 조사한 것이다. 이 조사에서는 유형 자산의 파괴만을 파악했기 때문에 전쟁 피해액을 일부만 반영한 것이다. 표에 따르면, 6·25전쟁 기간의 총 피해

	총 피해액	일반주택	사회간접자본	정부시설	일반기업체		가축
						공업 부문	
금액	4,105.9	1,613.1	326.4	423.6	675.0	400.5	67.8
비율		39.3	32.3	10.3	16.4	9.8	1.7

출처: 내무부 통계국(1953), 212~229쪽.
(단위: 백만 원, %)

표 3 각 부문별 전쟁 피해상황(1950. 6. 25~1953. 7. 27)
정부시설에는 중앙·지방정부와 그 소속기관의 건물 및 시설, 경찰서, 세무서의 피해가 포함.
사회간접자본에는 도로, 철도, 항만, 통신, 전력, 수도시설과 학교, 금융기관의 피해가 포함.

액은 41억 600만 원으로 1953년 국민총생산 48억 1,800만 원의 85%에 해당하였다. 이 가운데 사회간접자본과 일반주택의 피해가 가장 커서 전체의 72%를 차지하였고, 일반기업체의 피해 규모는 전체의 16%를 차지하였다. 공업 부문의 피해 규모는 전체의 10%를 차지했으나, 전쟁 피해를 공업 부문에 한정해 볼 때, 6·25전쟁으로 생산시설의 절반을 상실하였다.[21] 이런 상태

전쟁으로 파괴된 서울 시내의 모습

에서는 전쟁이 끝나 경제활동을 재개한다 하더라도 정상적인 경제활동이 불가능하였다.

하이퍼인플레이션

1950년 3월 4일 발표된 경제안정15원칙은 "금후의 경제정책은 인플레 현상의 조속한 극복에 중점을 두어 재정의 균형, 금융의 건전 및 생산 증강"을 목적으로 삼는다고 공표하였다. 이를 위해 재정 면에서는 행정기구 간소화, 행정보조금 억제, 책임지출 중지 등과 같이 세출을 철저히 긴축함과 동시에, 조세부담의 조정 합리화, 징세사무의 능률화를 통해 재정 균형을 달성할 것을 요구하였다. 1950년 예산은 이런 제약하에서 작성되었기 때문에 차입금국채 포함에 의존하지 않고도 균형재정을 달성하도록 편성하였다.

6·25전쟁은 이런 추세를 완전히 역전시켰다. 전쟁이 발발하자 전쟁 물자와 전쟁 수습경비를 조달하기 위해 정부는 1950

	1회(7월)	2회(8월)	3회(9월)	4회(10월)	합계
국방비	209	321	720	1,262	2,512
내무부	13	37	110	72	232
사회부	8	63	118	140	329
기타	19	8	11	109	147
예비비	31	5	35	150	221
총계	280	434	994	1,733	3,441

출처: 재무부(1979), 173쪽. (단위: 1만 원)

표 4 1950년도 추가경정예산: 1~4회

년 중에 일곱 차례의 추가예산을 편성하였다. 이 중에서 1회에서 4회는 전쟁수습비상경비라는 명목으로 지출된 경비만을 편성한 것이었다. 표 4는 1회에서 4회에 걸쳐 편성된 지출경비 내역을 정리한 것인데, 7월, 8월, 9월, 10월 등과 같이 매월 예산을 편성하여 집행하였다. 이 금액의 대부분은 국방·치안비와 전재 난민 구호비전체 경비의 89%를 차지로 지출되었는데, 당시 여건상 이것의 대부분은 한국은행 차입을 통해 조달되었다. 이런 흐름은 그 이후에 편성된 추가경정예산에서도 동일하게 나타났다. 5회 추가경정예산일반회계에서는 재정수입의 37%를 차입금을 통해 조달하고자 했고, 제7회 추가경정예산에서는 그 비중이 더 크게 증가하여 세입의 63%를 차입금을 통해 조달하고자 하였다.

전쟁이 소강상태에 빠지면서 재정적자를 통한 통화 팽창은 줄어들었지만, UN군 대여금을 통해 통화가 급격히 팽창되었다. UN군 대여금은 UN군의 한국 내 활동에 소요되는 한국통화 경비를 한국 정부가 한국은행권의 발행을 통해 UN군에 대여해준 금액을 말한다. 이것은 1950년 7월 28일 체결된 '대한민국 정부와 미합중국 정부 간에 체결된 국제연합 가맹국 연합군 총사령관 휘하 부대에 의한 경비지출에 관한 협정'에 근거하여 대여되었다. 6·25전쟁에는 UN군의 형식으로 참전했지만, UN군의 대부분은 미군이었기 때문에 이 협정은 UN군을 대표하여 미군

사령부와 체결하였다.[22]

UN군 대여금은 1950년 7월부터 본격적으로 지출되었다. 전쟁 초기에는 UN군 대여금 대출 규모가 그렇게 크지 않았지만, 전쟁이 확대되고 장기화하면서 그 규모도 빠르게 증가하였다. 전쟁이 일어난 처음 3개월 동안 UN군 대여금을 통해 공급된 한국은행권은 620만 원에 불과했지만, 다음 3개월 동안에는 무려 8배 증가한 4,857만 원이 공급되었다. 이 추세는 계속 이어져서 1951년에는 1억 원을 약간 상회하는 화폐가 공급되었다. 문제는 UN군 대여금 명목으로 통화가 계속 대여되었지만, UN군 측에서 그것을 제때에 상환하지 않았다는 점이다.

이상과 같이 한국군 전쟁비용과 UN군의 한국 내 활동경비 명목으로 지출된 UN군 대여금을 조달하기 위해 화폐가 급격히 팽창한 결과 심각한 인플레이션이 초래되었다. 1949년 12월 도매물가지수를 100으로 할 때, 그것은 6·25전쟁 직전인 1950년 6월에는 20%, 1951년 12월에는 거의 800%로 상승하였다. 물론 이 추세는 그 이후에도 계속 이어져 인플레이션은 경제활동을 제약하는 중요한 요인으로 등장하였다.

전후 재건을 위한 기반 조성과 원조

01 인플레이션 완화

02 부흥을 위한 노력 재개

03 원조가 왜 필요했는가?

1951년 중반 무렵부터 전쟁이 소강상태에 접어들면서 경제를 재건해야 한다는 주장이 활발하게 제기되었다. 경제재건의 1차적 목표는 전쟁으로 파괴된 생산시설을 전쟁 이전 수준으로 다시 끌어올려 또 다른 도약을 위한 기반을 마련하는 것이었다. 그러나 이러한 본격적인 경제재건 추진에 앞서 우선 인플레이션을 막고 경제를 안정시켜야 했다. 이런 기반 위에서 정부는 경제재건에 필요한 제도를 정비해갔고, 경제부흥계획을 수립하여 정부의 재건구상을 발표하였다.

1951년 중반 무렵부터 전쟁은 38선 주변 지역으로 한정되었고, 나머지 지역은 점차 평상 상태를 회복해갔다. 치열한 공방전 속에서 초래된 전쟁의 참상은 더 이상 방치될 수 없었고, 이때부터 경제를 재건해야 한다는 주장이 활발하게 제기되었다. 경제재건의 1차적 목표는 전쟁으로 파괴된 생산시설을 전쟁 이전 수준으로 다시 끌어올려 또 다른 도약을 위한 기반을 마련하는 것이었다.

그러나 당시 상황에서 경제재건은 쉬운 문제가 아니었다. 우선 경제를 안정시킬 필요가 있었다. 제2장에서 소개한 바와 같이, 전쟁의 충격은 생산시설의 파괴에 한정되지 않았고 물가도 급속히 상승시켰다. 인플레이션 상황 속에서는 생산활동보다 상업활동의 유인이 커지기 때문에 급속한 물가상승은 경제재건을 방해하는 요인이 된다. 따라서 본격적인 경제재건을 추진하기에 앞서 경제를 먼저 안정시켜야 했다. 이런 기반 위에서 정부는 경제재건에 필요한 제도를 정비해 갔고, 경제부흥계획을 수립하여 정부의 재건구상을 발표하였다.

이 장에서는 이런 일련의 과정에 맞춰 먼저 정부가 경제안정을 위해 어떤 조치를 취했으며, 다음에 재건을 위해 시행한 제도 개혁과 경제부흥계획에 나타난 재건 구상이 무엇인가를 설명하고, 마지막으로 경제재건에 필요한 재원을 어떻게 조달하려고 했는가를 살펴보기로 한다.

01

인플레이션 완화

임시토지수득세

전시라 하더라도 인플레이션이 빠르게 진행되는 것은 문제였다. 물가가 계속 상승하면 정부는 더 많은 전쟁 비용이 필요하고, 이것은 화폐 공급량을 늘려 다시 물가를 상승시키는 악순환의 고리에 빠질 수 있다. 그래서 정부는 조세 수입을 최대한 늘려 전쟁 비용을 조달하기 위해 1950년 11월과 1951년 1월에 각각 조세임시증징법법률 제154호과 조세특례법법률 제188호을 제정하였다. 이 두 법의 특징은 기존 세법을 개정하지 않고 이 법의 제정을 통해 소득세, 영업세 등 총 10개 세목의 세율을 인상할 수 있게 하는 것이었다. 이 결과 1951년의 조세 수입은 3억 5천만 원으로 크게 늘었는데, 이는 1950년에 비해 무려 8.8배 증가한 것이었다.

그러나 상기한 두 법은 한시법이었다. 전쟁이 교착상태에 빠지고 경제재건 문제가 본격적으로 제기되면서 인플레이션을 완화시킬 수 있는 더 장기적인 대책이 필요하였다.

미곡은 물가에 가장 강력하고 커다란 영향을 줄 수 있는 상품이었다. 우선 미곡은 물가지수를 계산할 때 단일 상품으로서 가중치가 가장 커서 전체의 20% 비중을 차지하였다. 더욱 중요한 것은 미곡에 대한 정부 수요가 계속 확대되었다는 점이다. 6·25전쟁 직전 정부의 식량정책은 중점 배급제에 근거하여 필요 배급량에 해당하는 식량만을 수집하고 나머지는 시장에서 자유거래를 허용한다는 것이었다. 1950년 2월에 제정된 양곡관리법에 따르면, 정부는 국회 동의하에 총 식량 생산량의 1/3 이내에서 식량을 매입함으로써 곡가를 조절하고 국민의 식생활을 보장하고자 하였다.[23]

조세임시증징법과 조세특례법

세율은 세법의 개정을 통해 조정할 수 있으나 전시라는 특수 상황에서 여러 세법을 개정한다는 것은 많은 시간을 필요로 하는 일이었다. 따라서 정부는 조세임시증징법과 조세특례법이라는 한시법을 제정하여 기존 세법을 개정하지 않고도 세율을 인상할 수 있는 법적 기반을 마련하였다. 다만, 전자는 소득세, 영업세 등 총 10개 세목의 세율만을 인상한 것이었다면, 후자는 소득세법, 법인세법, 영업세법 등 총 8개의 세법을 개정하는 효과를 갖는 것이었다.

그러나 6·25전쟁은 이러한 흐름을 완전히 역전시켰다. 우선 전쟁 때문에 정부의 현물 양곡에 대한 수요가 급증했다. 종전의 중점배급 대상자 이외에도 군량미에 대한 수요가 급증했으며, 피난민에게 식량을 배급해야 할 필요성이 대두되었다. 심지어 양곡 유통기구의 마비와 곡가 폭등으로 시장에서 식량 구입이 어려운 도시민에게도 식량 배급이 필요하였다. 이상과 같은 정부의 식량 필요량을 시장에서 직접 구입할 경우 정부의 재정지출은 크게 확대될 것이고, 당시 경제 여건을 고려할 때 이 자금은 중앙은행의 화폐 발행을 통해 조달되어야 했다. 정부가 전쟁을 수행하기 위해 고정적으로 지출해야 하는 국방비에 더해 양곡 매입을 위한 별도의 화폐를 지출한다는 것은 인플레이션을 더욱 악화시키는 것이었다.

현물 조세의 필요성은 이런 배경에서 제기되었다. 1950년 12월에 종전의 지세법을 폐지하고 새로운 법을 제정하면서 정부는 전시 인플레이션 문제를 완화하기 위해 현물 조세를 부과한다는 방침을 결정하였다. 그러나 현물 징수 원칙이 포함된 지세법은 국회 논의과정에서 북한에서 부과하는 현물세와 같고 수확이 다 끝난 시점에서 식량 징수가 어렵다는 현실적인 이유를 들어 현금 징수 원칙으로 변경되었다. 이후 전쟁이 교착상태에 빠지고 경제재건이 중요한 문제로 등장하자 경제를 안정시키는 과제가 새롭게 부각되었다. 정부는 인플레이션을 완화할 수

임시토지수득세법 시행령 관보. 전쟁으로 발생한 인플레이션을 완화하기 위해 정부는 농민에게 세금을 현물로 납부하도록 하였다.

있는 분명한 정책을 도입해야 했고, 이것은 1951년 9월 임시토지수득세법법률 제220호의 제정을 통해 실현되었다.

임시토지수득세법은 정부의 식량 수요를 충족시켜줌과 동시에 인플레이션을 악화시키지 않는 데 크게 기여하였다. 1950년 12월에 제정된 지세법과 비교해보면, 이 점을 분명히 확인할 수 있다. 지세법의 과세표준은 토지의 수입금액수확량×미가이었지만 이 법의 과세표준은 토지 수확량이었고, 세금 형태도 전자의 현금과 달리 현물이었다. 더욱이 세율에서도 현저한 차이가 존재하였다. 지세법에서는 토지의 수입금액에 대해 4%의 비례세율을 적용했지만, 임시토지수득세법에서는 토지 수확량에 대해 누진세율을 적용했고 세율은 훨씬 높았다. 임시토지수득세법이 처음 시행되었을 때 세율은 토지 수확량이 10석 이하인 경우에는 15%, 최고 구간인 50석을 초과한 경우에는 28%를 적용하였다. 정부는 이를 통해 화폐 공급량을 늘리지 않으면서 정부가 필요로 하는 식량을 안정적으로 확보할 수 있었다.

임시토지수득세가 전시 상황에서 얼마나 중요한 역할을 수행했는지는 이 세금이 정부의 조세 수입에서 차지한 비중을 통해서도 확인할 수 있다. 이 법이 처음 도입된 1951년에는 전체 조세 수입의 24%를 차지했고 1952년에는 36%, 1953년에는 28%를 차지하였다. 즉, 이는 단일 세목으로서 정부 조세 수입의 1/3 정도를 차지할 정도로 매우 중요한 세원이었던 것이다.[24] 물론 임시토지수득세는 전시라는 특수 상황에서 도입된 것이기 때문에 전쟁 이후에는 세율이 크게 인하되어 점차 정상 상태를 회복해갔고, 1960년 12월 마침내 폐지되었다.

통화개혁

상기한 바와 같이, 전시인데도 정부는 세제를 변경하여 조세 수입을 최대한 확대하려고 노력했지만, 그 이후에도 물가는 계속 상승했고 경제는 쉽게 안정되지 않았다. 정부의 재정지출은 팽

임시토지수득세가 정부 조세수입에서 차지하는 비중

현물 양곡을 금액으로 환산할 때 적용된 가격이 시장가격이 아니라 정부가 정한 법정가격이었다는 점에 주의해야 한다. 1950년대 전반의 법정가격은 통상 시장가격의 절반 수준에 불과했는데, 시장가격을 적용하여 다시 환산하면 임시토지수득세가 조세수입에서 차지하는 비중은 절반을 상회하게 된다.

창하는 국군 수 때문에 계속 증가하였다. 6·25전쟁 직전에 10만 5천 명에 불과했던 국군 수는 1952년 6월 말 현재 35만 7천 명으로 증가했고, 종전이 임박한 시점에는 55만 명으로 늘어났다.[25] 이때 화폐 공급량 증가를 주도한 더 중요한 요인은 UN군 대여금이었다. 앞에서 지적한 바와 같이, UN군 대여금은 1950년 7월부터 공급되었지만 상환이 계속 지연되고 있었다.

UN군 대여금의 상환은 두 가지 점에서 경제안정에 크게 기여하는 것이었다. 첫째로, 정부는 증가된 외환보유고에 근거하여 해외에서 물자를 대량으로 도입할 수 있었다. 이승만 정부는 UN군 대여금을 한국 통화로 제공하지만 주한 UN군은 그것을 달러로 상환하기 때문에 UN군 대여금이 상환되면 정부의 외환보유고는 증가하게 된다. 정부는 이를 바탕으로 국내에서 필요한 물자를 대량으로 도입할 수 있었다. 둘째로, 이러한 물자 도입은 정부로부터 외환을 구입한 민간기업이 담당하므로 시중의 화폐가 회수되는 효과가 발생하였다. 이와 같이 총공급을 늘림과 동시에 총수요를 줄이기 때문에 UN군 대여금 상환은 경제안정에 크게 기여할 수 있었던 것이다.

1951년 3월 이래 정부가 주한 UN군 당국자와 미국 정부, 심지어는 일본에 주둔해 있는 연합군 사령부에 UN군 대여금 상환을 줄기차게 요구한 것은 경제안정을 조속히 달성하고자 하는 의도였다. 그렇지만 UN군 대여금은 좀처럼 상환되지 않았는데, 거기에는 UN군 대여금에 대한 한미 정부 간의 인식 차이가 있었기 때문이었다. 한국 정부는 이것을 대여금으로 여긴 반면에, 미국 정부는 대여금이라기보다는 원조물자 판매로 적립되는 대충자금counterpart fund을 미리 끌어다 쓰는 것으로 보았다. 미국 정부는 UN군을 통해 제공되는 원조물자 판매대금으로 그것을 상쇄시키면 된다고 생각하였다. 즉, 미국 정부는 상환할 뜻이 없었다.

그러나 경제재건을 위해서는 경제를 안정시킬 필요가 있었고, 이를 위해서는 UN군 대여금의 상환이 중요하였다. 미국 정부의 인식이 근본적으로 바뀐 것은 아니지만, 1951년 후반부터는 전향적으로 변하기 시작하였다. 전시 상황에서 경제를 안정시키기 위해서는 UN군 대여금의 상환이 무엇보다 중요하다고 판단한 것이다. 1951년 10월 미국 정부는 그때까지 지출된 UN군 대여금의 1/5에 해당하는 금액을 상환하였다. 더욱이 1952년 5월 체결한 '대한민국과 통일사령부 간의 경제조정에 관한 협정'이하 경제조정에 관한 협정에서 한국 정부가 경제를 안정시킬 분명한 행동을 보여준다면 UN군 대여금을 전부 상환하겠다고 약속하였다.[26]

긴급통화조치가 발표된 것은 1953년 2월 14일이었지만, 그것은 오래 전부터 준비되었다. 처음으로 통화개혁의 필요성이 제기된 것은 1951년 가을이었고, 실질적인 작업에 착수한 것은 그로부터 1년여가 지난 1952년 9월 초였다. 최종적으로 통화개혁안이 완성된 것은 1953년 2월이었는데, 정부는 이를 통해 두 가지 목표를 달성하고자 하였다. 우선 인플레이션의 악순환 고리를 끊고자 하였다. 통화개혁을 통해 정부의 경제안정 의지를 분명히 보여줌으로써 미국 정부로부터 UN군 대여금 상환을 보장받을 수 있게 되었다. 게다가 구권 100원을 신권 1환으로 교환해주는 과정에서 편재된 유동성을 조정함으로써 인플레이션을 억제할 수 있었다. 다음에 정부는 긴급금융조치를 제정하여 일정 금액 이상의 유동성을 가진 사람에게 예금을 강제하여 경제재건 자금으로 활용하고자 하였다. 통화개혁조치가 발표된 시점인 1953년 2월에는 전쟁이 아직 종결되지 않았지만 휴전은 기정사실이 되었고 경제재건도 어느 정도 진행되어 있었다. 이런 상황에서 정부는 강제로 저축된 예금의 인출을 2년 내지

1953년 2월 통화개혁의 준비

송인상(1994, 90쪽)의 회고에 따르면, 1951년 가을 어느 날 당시 재무부 장관 백두진이 자신을 불러 통화개혁에 관한 의견을 물었고, 통화개혁을 추진하기 위해서는 한국은행으로 자리를 옮기는 것이 좋겠다고 판단하여 1952년 1월에 재무부 이재국장에서 한국은행 부총재로 자리를 옮겼다고 한다. 김정렴(1990, 49~50쪽)의 회고에 따르면, 1952년 7월에 한국은행 총재가 자신을 불러 통화개혁 시안을 만들어보라고 요구했으며, 9월 초부터 본격적인 작업에 착수했다고 한다.

통화개혁 당시 구권을 신권으로 교환하는 장면. 통상적인 경제안정화 정책을 통해서는 인플레이션을 완화할 수 없어, 정부는 통화개혁을 단행하였다.

3년 동안 금지시켜 경제재건에 필요한 자금으로 공급하고자 하였다.

그러나 통화개혁은 정부가 의도한 대로 시행되지는 못했다. 특히 예금의 일정 부분을 봉쇄한 것이 생산활동을 위축시키자 산업계가 이에 강하게 반발하여, 봉쇄계정은 곧바로 해제되었다. 그렇지만 경제는 이를 계기로 상당히 안정되어 경제부흥을 위한 기반을 마련할 수 있었다.

02

부흥을 위한 노력 재개

한국산업은행의 설립

장기 산업자금을 공급하는 금융기관의 필요성은 일찍부터 제기되었다. 해방과 정치적 혼란으로 생산이 급격히 위축되자 경제를 복원해야 할 필요성이 대두되었다. 게다가 북한과 비교할 때 남한의 산업시설은 경공업 중심이어서 자립 기반이 매우 취약하다는 점도 문제로 지적되었다. 이런 배경에서 경제부흥과 공업구조의 변화를 실현하려면 장기적 관점에서 시설 투자를 뒷받침하는 금융기관을 세워야 했다.

조선식산은행朝鮮殖産銀行, 한국산업은행의 전신은 일제강점기에 장기 산업금융기관으로 설립되었지만, 이 은행은 신생 독립국가에서는 제대로 기능할 수 없었다. 금융제도가 아직 정비되지 않았다는 점도 주요 요인이었지만, 일제하에서 식산은행은 일본 채권시장에서 자금을 조달해 한국 내 산업투자에 사용하였다.

그러나 일본경제와의 관계가 단절된 해방 이후에는 이런 자금 조달방법을 활용할 수 없었다. 따라서 남조선과도정부는 1948년 초 금융제도 전반을 개혁하는 작업을 진행할 때 장기 산업자금을 공급하는 한국산업은행의 설립을 개혁안에 포함시켰다. 이때 작성된 초안에 따르면, 한국산업은행은 '정부가 지정하는 주요 산업과 공공사업에 대한 융자와 이에 수반한 은행 업무'를 담당하도록 되어 있었지만, 이는 정부 수립 이전이라 실현되지는 않았다.

정부 수립 이후에는 두 가지 요인이 장기 산업자금을 공급하는 금융기관의 설립을 방해하였다. 우선 금융제도의 근간이 되는 중앙은행제도의 정비가 가장 시급했기 때문에 이 문제를 먼저 다루었다. 다음 요인으로, 새로 신설되는 한국은행의 기능과 충돌이 생길 수 있어 한국산업은행의 설립이 보류되었다. 당시 설립된 한국은행의 가장 중요한 임무는 정부의 영향으로부터 독립된 기구로서 금융통화위원회를 설치하여 재정적자와 은행 여신 팽창으로 발생하는 인플레이션을 해결하는 것이었다. 그런데 한국산업은행은 한국은행의 이런 취지와 맞지 않았기 때문에, 한국은행 설립을 주도한 외국 금융전문가들은 이의 설립을 반대하였다.

그러나 38선 주변으로 전선이 제한되자 경제재건에 대한 요구가 확산되었고, 이것은 자연스럽게 장기 산업금융을 전담하는 금융기관의 설립 배경으로 작용하였다. 당시 금융제도하에서는 일반은행이 한국은행의 감독하에 단기 상업금융과 장기 산업금융을 겸하도록 되어 있었으나, 일반은행이 장기 산업금융을 공급하는 데는 한계가 있었다. 우선 일반은행에 채권 발행 기능이 없었고 저축성 예금이 감소하고 있어 재원 조달에 어려움을 겪을 수밖에 없었다. 특히 당시 경제재건은 사회간접자본의 복구·확충, 기간산업의 건설과 소비재산업의 복구·확충 등과 같이 경제 전 부문에 걸쳐 진행되어 막대한 자금을 필요로 하였다. 이런 상황에서 장기 산업금융을 전담하는 한국산업은행의 설립은 매우 중요한 과제였다.

한국산업은행법이 정부 내에서 처음 제정된 것은 1951년 9월이었다. 이 법은 동년 10월 국회에 회부되었으나 전시에 본격적인 경제부흥을 추진하는 것은 당시의 인플레이션을 더욱 가속화하는 문제가 있다는 이유로 심의가 계속 지연되었다. 그러다가 전쟁이 종료되는 시점인 1953년 7월에 한국산업은행법은 국회에서 심의되기 시작했고, 동년 11월 말 국회를 통과하였다. 한국산업은행법법률 제302호을 정리하면 다음과 같다. 우선 산업은행의 목적은 전후 부흥을 위해 '중요 사업의 자금을 융자, 관리'하는 것이며, 이에 필요한 자금은 정부 자금 차입, 정부 자금에 의한 장기 융자, 산업금융채권의 발행 등을 통해 조달할 수 있었다. 더욱 중요한 것은 산업은행이 한국은행의 감독

1950년대 한국산업은행 전경. 정부는 전쟁으로 파괴된 산업시설을 복구하기 위해 산업은행을 설립하여 장기 산업자금을 공급하였다.

을 받게 되면 장기 개발금융기관으로서의 역할을 충실히 수행할 수 없다고 판단하여, 한국은행이 아니라 재무부의 감독을 받게 하였다.

이렇게 설립된 산업은행은 정부자금, 산업부흥국채 발행과 대충자금을 재원으로 하여 국내 산업 건설에 크게 기여하였다. 금융기관의 대출 잔액을 보면, 1955년에 시설자금 중 산업은행이 차지하는 비중은 84%였고 일반은행은 16%였다. 반대로 운영자금 비중은 일반은행이 91%를 차지했고 산업은행은 9%를 차지하였다. 산업은행은 당시 대부분의 시설자금을 공급함으로써 전후 경제부흥에 크게 기여하였다.

세제 개혁

전후에 세제 개혁은 불가피한 것이었다. 앞에서 지적한 바와 같이 전시에 다양한 세제가 도입되었지만, 그것은 기업 투자나 과세의 공평성을 고려하지 않은 채 전시 재정 수입을 극대화하기 위해 임시방편으로 도입되어 민간기업의 경제활동을 왜곡하고 경제부흥을 제약하였다. 따라서 전후 경제재건을 위해서는 전시 세제를 평시 세제로 전환해야 했다. 다시 말하면, 전쟁 수행에 최대의 자원을 제공하기 위해 기업의 투자활동을 억제했던 전시 세제는 기업 투자를 최대한도로 장려하는 것에 중점을 두는 전후 부흥기의 세제로 개편되어야 했다. 더욱이 사회의 안정을 위해서는 과세의 형평성도 고려해야 했다.

종전 직후에 이루어진 세제 개혁은 1953년 8월 25일 UN 조세전문가 발드H. P. Wald가 제출한 '한국 세제에 관한 보고와 건의'를 많이 참조한 것으로 알려져 있다. 그가 건의한 내용은 다음과 같이 크게 세 가지로 정리할 수 있다.

첫째, 그가 특히 강조한 것은 기업 소득에 대한 과세를 변경하는 것이었다. 예를 들어 감가상각은 원가로 할 것이 아니라 시가로 계산하며, 손실금의 이월 특전을 제공하고 중요 산업의 신규 투자에 대해서는 최장 6년간의 소득세 면세제도를 도입하고, 법인세는 비례세로 바꾸고 세율은 25% 내지 30%로 인하할 것 등을 건의하였다. 그는 전반적으로 기업의 사업 투자를 장려하기 위한 세제 개혁을 요구하였다. 둘째, 그는 조세의 공평성을 제고하기 위해 분류 과세하는 현행 소득세를 종합과세로 변경하고, 최고 한계세율을 인하할 것을 건의하였다. 셋째, 그는, 농민에게 커다란 부담이 되는 임시토지수득세를 계속 유지할 것을 건의하였다. 전후 재정 수요가 확대될 것이 예상되는 상황에서 그것을 대체할 만한 세원을 확보하지 않은 채 임시토지수득세를 폐지한다면 적자 재정이 초래될 수 있다고 보고 유지를 권고하였던 것이다. 다만 과세의 형평성을 위해 미곡 환산가격을 법정가격이 아니라 시장가격으로 변경하고 세율을 낮출 것을 건의하였다.

1954년 초에 대대적인 세제 개혁이 추진되었다. 이 과정에서 전시에 조세 수입 증대를 위해 임시로 도입된 조세임시증징법과 조세특례법이 폐지됐을 뿐 아니라 22개의 세법이 제·개정되었다. 이때 시행된 세제 개혁은 발드의 건의를 충실히 받아들여 기업 투자를 자극하고 과세의 형평성을 높이는 방향으로 이루어졌다. 가령 소득세의 경우 전시에는 소득 종류별로 분류 과세했고, 전시 재정 수입을 극대화하기 위해 한계세율은 매우 높았다. 그러나 세제 개혁을 통해 소득세는 분류과세와 종합과세를 동시에 적용하여 과세 공평성을 제고하였고, 동시에 한계세율을 크게 낮췄다. 법인세법에서도 커다란 변화가 있었다. 가장 중요한 변화는 전시의 누진 세제를 다시 비례 세제로 바꿨고 세율도 인하한 것이다. 정부는 이를 통해 전쟁으로 파괴된 산업 시설을 신속히 재건하고, 아울러 민간기업의 발전을 도모하고자 하였다. 임시토지수득세도 변경하였다. 우선 소득 구간별 한계세율을 인하하여 농민의 부담을 줄여줌과 동시에, 세율 인하 때문에 생기는 조세 수입의 감소는 소득 구간을 세분하여 상쇄되도록 하였다.

정부는 상기한 전후의 세제 개혁을 통해 재정 수입 극대화에 초점이 맞춰진 전시 세제를 소득 재분배와 민간기업의 경제활동을 자극하는 체제로 재편하여 전후 경제부흥을 촉진하는 기반을 마련하였다.

경제부흥계획

제2차 세계대전 이후 경제계획은 제한된 자원을 효과적으로 사용하게 하는 유용한 수단으로서 후발국의 경제부흥을 위해 널리 활용되었다. 우리나라의 경우도 정부 수립 직후 경제계획을 수립했지만, 전쟁이 발발하여 실천하지 못했다. 그러나 전쟁이 교착상태에 빠진 1951년 중반부터 경제재건에 관한 논의가 활발해짐과 동시에 경제부흥계획이 다시 작성되었다.

1950년대에 수립된 경제계획은 작성주체에 따라 두 가지로 구분된다. 하나는 한국 정부가 외국의 도움을 받지 않고 독자적으로 세운 계획이고, 다른 하나는 주한 원조기구와 협의하여 수립한 계획이다. 후자에 해당하는 대표적인 경제부흥계획은 1953년에 작성된 '1954년도 한국경제부흥계획'1953. 7. 1~1954. 6. 30이다. 이 계획은 교통·통신·전력 및 광공업 등 전쟁으로 파괴된 시설을 복구하는 데 총 재원의 31%를 배분했고, 나머지 재원은 소비재산업의 운영에 필요한 원료 및 중간재나 구호물자의 수입에 할당하였다.[27] 또한 이 계획은 파괴된 생산시설의 복구나 확충보다 당장 긴급한 생활필수물자의 생산이나 공급에 중점을 두었는데, 이러한 특징은 주한 원조기구와 협의하여 마련한 경제계획에서 공통적으로 발견되었다.

여기에서 관심을 가져야 할 것은 한국 정부가 독자적으로 수립한 경제계획이다. 이 경우에 해당하는 계획은 다수가 확인되는데, 그것은 이미 전쟁 중부터 작성되기 시작하였다. 전쟁 중에 최초로 작성된 경제계획은 '1952년도 경제부흥계획'1951. 7. 1~1952. 6. 30이다. 이것은 5개년계획의 1차년도 계획에 해당하며, UN에서 한국경제 재건을 위해 원조 제공을 본격적으로 논의한 것을 배경으로 작성되었다. 예상과 달리 원조가 제공되지 않자 이 계획은 실행되지 않았지만, 그 이후에도 정부는 1년 단위의 부흥계획을 수시로 작성하였다. 그러나 전시에 작성된 이들 계획은 전쟁 수행에 직접 기여할 수 있는 구호나 긴급 물자의 생산에 초점을 맞추고 있어 이승만 정부의 전후 재건 구상을 충분히 보여주는 것은 아니었다.

전쟁이 종료되자 전후 재건 문제는 다시 활발하게 논의되었다. 전쟁 중에 부흥계획을 수립한 경험을 바탕으로 정부는 전쟁이 종료되자마자 경제부흥을 위한 재건계획 수립에 곧바로 착수할 수 있었다. 1953년 7월 말 이승만 대통령은 전쟁 후 국가재건계획을 수립할 것을 지시했고, 이에 근거하여 정부에서는 1953년 8월 재건계획의 기본방침을 심의·결정하였다. 이 기본방침은 이승만 정부의 전후 재건 구상을 파악할 수 있는 유용한 정보를 제공해준다.

이 기본방침에 따르면, 정부는 크게 세 가지 부문을 집중 재건하고자 하였다. 첫째로, 일반 주택 다음으로 시설 파괴가 극심했던 사회간접자본을 우선적으로 복구·확충할 구상을 갖고 있었다. 여기에 포함되는 것은 전력, 철도, 항만, 도로, 통신, 교육시설 등이며, 이 부문에 투입될 자금은 가용 재원 전체에서 무려 50%를 차지하였다. 둘째로, 전후 재건과정에서 그 수요가 빠르게 확대될 것이 예상되지만 국내 생산시설이 파괴되었거나 미미한 산업을 재건 혹은 건설할 계획을 갖고 있었다. 여기에는 비료, 시멘트, 철강, 판유리, 석탄 산업 등이 포함되며, 이 부문에 투입될 자금은 전체의 19%를 차지하였다. 마지막으로는, 당장의 민생과 사회 안정을 위해 공급해야 할 생활필수물자의 생산을 증대할 계획을 갖고 있었다. 이를 위해 정부는 원면, 생고무와 같은 소비재산업의 원료나 식량 생산과 주택 건설에

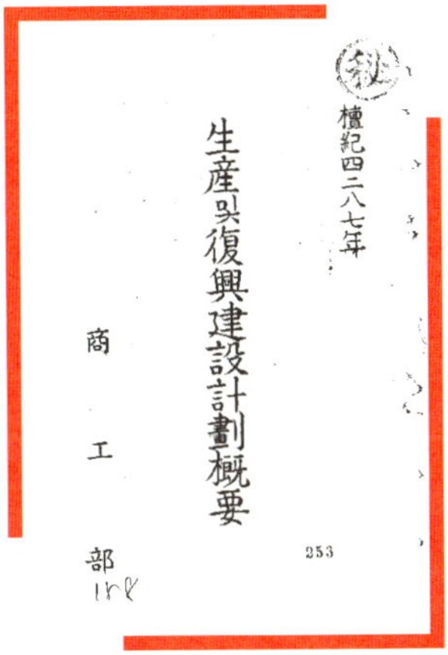
檀紀四二八七年

生産및復興建設計劃概要

商工部

253

단기 4287년도(1954년) 상공부에서 수립한 생산 및 부흥건설계획 개요. 정부는 자립경제의 기반을 구축하려는 욕구가 컸던 만큼 사회간접자본과 기간산업의 건설을 강조하였다.

직접 투입될 수 있는 비료 및 건축자재의 도입을 계획하였다. 이 부문에 투입될 자금은 전체의 31%를 차지하였다.[28]

이상에서 알 수 있듯이, 한국 정부가 독자적으로 수립한 부흥계획의 내용은 주한 원조기구 대표와 협의하여 수립한 부흥계획과는 달랐다. 상기한 바와 같이, 후자의 경우는 당장의 사회안정을 위해 긴급히 필요한 물자를 생산하는 것에 초점을 맞췄다면, 전자는 더욱 장기적인 관점에서 한국경제의 자립을 위해 필요한 사회간접자본과 기간산업을 건설하는 것에 중점을 두었다. 이런 정부의 재건 구상은 그 이후 수립되는 부흥계획에서도 일반적으로 관철되었다.

1955년 7월 완성된 '한국경제부흥계획서'는 5개년계획1954~

1958년에 해당하는 장기계획이었다. 이 계획이 이제까지 수립된 계획과 다른 점은 계획기간 동안의 국민총생산과 1인당 국민소득 목표를 제시한다는 점이다. 이 시기에 수립된 부흥계획은 대부분 목표 성장률 등과 같은 총량 목표를 제시하지 않은 채 경제 부문별 계획을 중심으로 작성되는 것이 일반적이었다. 그러나 이 계획에서는 6·25전쟁 이전의 국민소득과 이 계획의 시작연도인 1954년의 국민소득, 그리고 이 계획의 성과가 최종적으로 나타나는 1960년의 국민소득 목표를 제시하였고, 아울러 1인당 국민소득 목표도 제시하였다. 이에 따르면, 1949년의 1인당 국민소득은 87달러였고, 전쟁 직후인 1954년에는 65달러였지만, 재건 과정을 거쳐 이를 1958년에는 88달러, 1960년에는 101달러로 증가시킨다는 목표를 상정하였다.

이러한 목표를 달성하기 위해, 이 계획에서는 경제를 11개 부문으로 나누어 각각의 투자계획과 재원조달계획을 제시하였다. 이 계획에서 중점을 둔 투자 부문은 전력, 교통, 통신, 교육 등이 포함되는 사회간접자본과 비료, 시멘트, 판유리, 조선, 기계공업 등이 포함되는 기간산업의 건설로, 종전 직후에 작성된 기본방침에서 제시한 재건 구상과 유사함을 확인할 수 있다. 이 시기 이승만 정부는 사회간접자본을 재건하고 중요 기간산업을 건설하여 자립경제의 기반을 구축하려는 일관된 재건 구상을 갖고 있었던 것이다.

물론 이승만 정부의 재건 구상을 실천하려면 이 계획을 실현시키는 데 필요한 내·외자 재원이 원활히 공급되어야 한다. 특히 자본 축적이 미약한 우리 경제에서 부흥계획의 성공 여부는 거의 전적으로 외자에 의해 영향을 받게 된다. 따라서 당시 이승만 정부가 부흥계획의 실천을 위해 어떤 외자를 도입하려고 했으며, 그 외자는 우리 경제에 어떤 기여와 한계로 작용했는지 살펴보아야 한다.

03

원조가 왜 필요했는가?

수출의 정체: 한미중석협정

전후 경제부흥을 위해서는 외자 도입이 매우 중요하다는 것은 앞에서 지적한 대로이다. 이론적으로 볼 때 경제부흥을 위해 도입할 수 있는 외자는 차관과 외국인 직접투자를 생각할 수 있다. 그러나 전쟁이 끝난 지 얼마 지나지 않았으며 외국인 투자에 대한 제도적 장치가 마련되지 않은 현실과 차관에 대한 원리금 상환 가능성이 불투명한 상황을 고려할 때, 차관과 외국인 직접투자를 기대하기는 어려웠다. 이런 상황에서 수출은 경제부흥에 필요한 외환을 마련하는 수단으로서 매우 중요한 의의를 갖는다.

6·25전쟁 발발 이전에 주요한 수출품은 건어, 해태김를 포함한 수산물이었다. 이것은 1949년 수출액에서 69%를 차지하였다. 전쟁 발발 이후 수출품 구성은 크게 변화했는데, 1950년대

에 가장 중요한 수출품은 광산물이었다. 총 수출액에서 광산물이 차지한 비중은 1952년 80%, 1956년 65%, 1960년 42%로서 1950년대 후반으로 갈수록 그 비중이 감소하였으나, 1950년대 전체에 걸쳐 평균 62%를 차지하였다. 이 시기의 광산물 수출은 중석 수출에 좌우되었다. 광산물 수출에서 중석이 차지하는 비중은 1951년 47%, 1952년 85%였고, 1953년에는 96%, 1954년에는 77%에 이르렀다. 그 이후 이 비중은 1955년 57%, 1958년 46%, 1960년 35%로 점차 감소하였다.

1950년대에 중석이 주요 수출품으로 등장한 데에는 한미중석협정 체결이 매우 중요하게 작용하였다. 이 협정은 1952년 3월 31일 한국 정부와 미국 정부가 체결했는데, 여기에는 두 가지 요인이 매우 중요하였다. 하나는 6·25전쟁 발발 이후 군비 확장에 나선 세계 각국의 중석 수요가 급증하였다는 점이다. 다른 하나는 세계 생산량의 1/3을 차지했던 중국이 공산화하면서 세계시장에서 공급이 급감하였다는 점이다. 이런 상황에서 중석의 최대 소비국인 미국이 주요 중석 생산국과 독점 구매협정을 체결하는 과정에서 한국과 중석협정을 체결한 것이다. 이 협정에 따르면, 한국은 중석을 1만 5천 톤 인도할 때까지 전적으로 미국에만 판매해야 했다.

한미중석협정을 체결할 당시 정부는 1만 5천 톤의 중석을 5년 기한으로 수출할 계획이었다. 그러나 중석 생산을 독려하

1952년 3월에 체결된 한미중석협정에 서명하는 모습.
중석은 1950년대 가장 중요한 수출품이었다.

고 수출을 빠르게 확대한 결과 1만 5천 톤의 수출 목표량은 2년 만에 달성되었고, 한미중석협정의 갱신 문제가 제기되었다. 우리 정부는 주요 수출품으로서 중석의 중요성을 감안하여 중석협정의 연장을 요구하였다. 그러나 그동안 중석을 계속 비축해왔던 미국은 협정 연장을 거부하였고, 마침내 1954년 3월 초 한미중석협정의 종료를 발표하였다. 그 이후 우리나라는 중석을 미국에 단독 수출하는 대신 국제 입찰을 통해 수출하였다. 수출량에서는 큰 변화가 없었지만, 수출 단가가 크게 떨어져 중석 수출액은 계속 감소하였다.

1950년대에는 중석을 대체할 마땅한 수출품이 없었다. 이런 상황은 6·25전쟁으로 더욱 악화되었다. 따라서 중석 수출이 감소하자 총 수출액도 크게 감소하였다. 중석 수출이 가장 정점에 도달했던 1953년의 수출액은 3,959만 달러로 최고 수준을 기록하였다. 그 이후 중석 수출의 감소와 함께 총 수출액도 감소하여 1956년에는 2,460만 달러, 1959년에는 1,645만 달러에 불과하였다. 1950년대 수출은 오늘날의 관점에서 볼 때에는 정말 보잘것없는 수준이었다. 때문에 수출을 통해 경제부흥에 필요한 외환을 충분히 공급한다는 것은 현실적으로 실현되기 어려운 일이었다.

한일 경제관계

일본과의 경제관계를 복원하는 것은 수출을 확대하고 자본을 유치할 수 있는 하나의 대안이 될 수 있었다. 우리 정부와 미국 정부도 이 점을 분명히 인식하고 있었다. 이승만 대통령은 정부 수립 직후인 1948년 10월에 "나는 일본과 한국에 정상적인 통상 관계가 재확립되기를 희망한다"는 담화를 발표하여 대일무역 재개 의지를 분명히 천명하였다.[29] 게다가 한국의 경제부흥

	1951	1952	1953	1954	1955	1957	1959	1961
수출	10,544	8,327	8,327	7,932	7,197	10,655	10,962	21,587
수입	15,311	26,455	74,507	26,371	6,956	11,395	10,109	38,526

출처: 상공부(1959), 348쪽; 한국은행(1960), 177쪽. (단위: 1천 달러)

표 5 대일 수출입액

을 원했던 주일 연합군 최고사령관SCAP도 한일무역이 빠르게 재개되기를 희망하였다.

이러한 배경 위에서 한일통상협정을 체결하기 위한 회의가 1949년부터 1951년에 걸쳐 총 네 차례 개최되어 매년 새로운 통상협정을 체결하였다. 그러나 이 협정은 제대로 집행되지 않았는데, 그 가장 중요한 요인은 무역적자 해결방법을 둘러싼 양국 정부의 갈등이었다. 표 5에서 확인할 수 있듯이, 1950년대 전반기에 양국 간 무역적자는 계속 확대되었고, 1953년의 경우 한국의 무역적자액은 6,600만 달러로서 같은 해 수출액을 훨씬 상회하였다. 이에 대해 우리 정부는 일본이 한국 제품을 더 많이 수입해주길 원했지만, 일본 정부는 그것을 받아들이지 않았다. 이 결과 대일 무역적자를 매년 청산하지 못한 우리 정부의 대일 부채는 1952년에는 400만 달러에 불과했지만, 1953년에는 2,400만 달러, 1954년에는 4,700만 달러까지 증대되었다.[30]

이런 상황에서 대일무역은 경제 차원을 넘어 정치 문제로 비화되어 정상적으로 진행되지 못했다. 1954년 4월 이승만 정부는 일본으로부터의 수입에는 이 지역에 수출하여 획득한 외화만을 사용하도록 하는 수지균형원칙을 채택하였다. 표 5에 정리되어 있듯이, 1955년부터 일본으로부터의 수입이 급격히 감소한 것은 수지균형원칙이 적용된 결과였다. 한일무역 규모가 확대되기 위해서는 한국의 대일 수출능력이 중요한데, 이 시기에는 그 능력이 제한되었다. 이러한 수지균형원칙은 일본에 대해 강경 입장을 고수했던 이승만 정부하에서 계속 유지되었고, 그것의 폐지는 경제개발에 대한 관심이 고조되는 이승만 정부 이후에나 가능하였다.

무역 이외의 다른 분야에서 경제관계를 정상화하려는 시도도 성과를 거두지 못했다. 청구권이나 어업권 등과 같은 두 정부 사이의 현안을 해결하기 위해 1951년 10월 미국 정부의 주선으로 한국과 일본의 첫 예비회담이 열렸고, 이어서 1952년 11월 제1차 한일회담이 개최되었다. 이 회담에서 두 나라는 식민지 지배의 피해 보상, 어업권 문제, 재일 한국인 국석과 저우 문제 등에서 첨예하게 대립했지만, 그 문제를 조정하지 못하였다. 또한 1953년 4월과 10월에 각각 제2차 회담과 제3차 회담이 개최되었으나 두 나라 간의 입장 차이는 좁혀지지 않았다. 특히 제3차 회담에서 일본 측 대표 구보타의 망언은 두 나라의 관계를 한동안 단절시켰다. 결국 1955년 8월 정부는 우리 국민

구보타의 망언

일본 측 대표 구보타 간이치로(久保田貫一郎)는 우리 정부의 청구권 주장에 맞서 일본 정부도 한국에 두고 온 민간인 재산에 대해 법적 청구권을 가지며, 한국이 일본의 식민지가 되지 않았으면 중국이나 러시아의 식민지가 되었을 것이라는 취지의 발언을 하였다. 이것을 일명 '구보타 망언'이라고 한다.

1959년 6월 열린 재일교포 북송반대 국민총궐기대회

의 일본 왕래를 금지하고 일본과의 무역을 정지시켰다.

제4차 한일회담은 1958년 4월에 개최되었다. 이것은 일본 정부가 구보타 대표의 발언을 취소하고 한국에 대한 일본의 청구권을 공식적으로 포기한 것이 배경이 되었다. 그러나 양국 간의 입장 차이는 여전히 좁혀지지 않았다. 더욱이 1959년 일본과 북한 간의 교섭이 성립하여 일본에 체류하는 일부 한국인을 북한으로 보내면서 한일 관계는 다시 냉각되었고, 대일무역은 또다시 중단되었다.

제1장에서 설명한 바와 같이, 일제강점기의 대외무역이나 경제관계를 고려할 때 일본은 한국의 경제개발에 필요한 자금을

공급할 수 있는 유력한 국가 중의 하나였다. 이런 사실은 우리 정부도 어느 정도 인식한 것이었지만, 식민지 경험에 대한 기억이 생생하게 남아 있는 상황에서 대일 경제관계는 경제논리에 근거하여 처리되었다기보다는 종종 정치 문제로 비화되어 관계가 두절되는 등 난관에 봉착하기 일쑤였다.

원조의 규모와 위상

전후 경제재건을 위해 정부는 경제부흥계획을 수립하였다. 상기한 바와 같이 1955년 수립한 경제부흥계획에서는 정부의 재건 구상을 실천하는 데 필요한 내·외자 규모를 각각 7,380억 2,500만 환과 22억 6,600만 달러로 계획하였다. 당시 정부가 결정한 공정 환율은 한국 통화를 과대평가하는 문제가 있었기 때문에 1955년 1월에 새로 결정된 대충자금 환율1달러 당 350환을 적용하여 외자를 한국 통화내자로 환산하면 7,931억 환이 되어 내자와 외자를 합한 한국 통화 금액은 무려 1조 5,311억 환이나 된다. 1954년의 국민총생산이 6,688억 환, 1955년에는 1조 1,606억 환이었다는 점을 고려할 때 경제부흥계획을 실천하는 데 소요되는 재원은 막대한 것이었다.[31] 특히 산업시설의 복구·확충과 기간산업의 건설을 위해서는 외자가 중요한데, 그것은 전체 재원의 52%를 차지하였다.

수출이 정체되고 일본과의 경제관계가 정상이 아닌 상황에서 이승만 정부가 경제재건에 필요한 외자를 독자적으로 조달하기는 어려웠다. 국제금융시장을 활용하는 것도 현실적으로 어려웠기 때문에 우리 정부는 미국의 원조에 의존할 수밖에 없었다. 물론 그 규모는 우리 경제의 필요성이나 정부의 요구가 아니라 미국의 대외정책에서 한국이 차지하는 위상에 따라 결정되었지만, 원조는 우리 경제의 전후 재건 자원으로 매우 중요한 역할을 수행하였다. 이런 상황을 반영하여 1955년에 작성된 경제부흥 5개년계획에서는 경제재건에 필요한 외자의 73%를 원조로 조달하고, 20%는 우리 정부가 보유한 외환으로, 7%는 차관이나 외국인 직접투자를 통해 조달하고자 계획하였다.

뒤에서 자세히 설명하겠지만, 한국에 대한 미국의 원조는 해방 직후 미군이 진주하면서 제공되기 시작하였고, 이는 6·25 전쟁 기간에도 계속되었다. 그러나 이때 제공된 원조는 이재민과 피난민을 구제하기 위한 긴급 구호원조였다. 원조는 한국경제 재건 문제가 활발하게 논의되는 시기부터 본격적으로 증가하기 시작하였다. 1950년 5,871만 달러였던 원조액은 1952년에 1억 6,133만 달러, 1954년에 1억 5,393만 달러로 증가하였고,

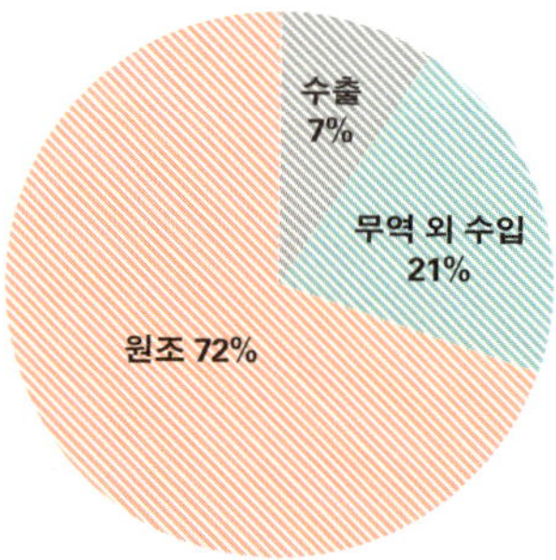

그림 1 총 외환 수입액의 원천별 비중 (1952~1960년)

1957년에는 3억 8,289만 달러로 가장 많은 원조액이 도입되었다. 이후 미국의 원조정책이 변화함에 따라 그 규모는 점차 줄어들어, 1960년의 원조액은 2억 4,539만 달러를 기록하였다.

이 시기 원조가 우리 경제에서 차지한 위상을 다른 각도에서 살펴보자. 그림 1은 1952~1960년 총 외환 수입액收入額의 비중을 재원별로 정리한 것이다. 정상적인 경제라면 수출을 통해 그 경제가 필요로 하는 외환을 대부분 공급하지만, 1950년대에 수출이 차지하는 비중은 7%에 불과하였다. 더 중요한 것은 무역 외 수입이었는데, 이것의 비중은 21%였다.[32] 그림을 통해 확인할 수 있듯이, 이 시기에 가장 중요한 재원은 원조였고, 이것은 전체의 72%를 차지하였다. 이는 전후 재건에 필요한 대부분의 외환이 원조를 통해 공급되었다는 것을 의미한다. 더욱이 원조가 가장 많이 제공된 1957년의 경우, 원조는 같은 해 국민총생산의 23%를 차지할 정도로 대규모로 공급되었다. 우리가 1950년대 경제를 '원조경제'라고 부르는 이유는 이 시기 원조가 경제재건 자원으로 우리 경제에서 막중한 역할을 수행했기 때문이다.

원조는 한국경제에 어떤 영향을 주었나

자원이 부족하고 자본 축적이 미약하며 기술 수준이 낮았던 것에 더해 전쟁으로 그나마 남아 있던 산업시설이 파괴된 우리 경제에 원조는 전후 재건 자원으로서 매우 중요한 역할을 수행하였다. 원조는 다양한 경로를 통해 우리 경제에 영향을 주었다. 그 중에서 어떤 원조물자를 도입할 것인지, 원조물자 판매가격은 어떤 수준으로 결정할 것인지, 그렇게 적립된 대충자금은 어떻게 사용할 것인지 등이 특히 중요하였다.

자원이 부족하고 자본 축적이 미약하며 기술 수준이 낮았던 것에 더해 6·25전쟁으로 그나마 남아 있던 산업시설이 파괴된 우리 경제에 원조는 전후 재건 자원으로서 매우 중요한 역할을 수행하였다. 제3장에서 설명한 바와 같이, 우리 정부는 원조를 주요 재원으로 한 경제부흥계획을 수립하여 자립경제의 기반을 구축하려고 노력하였다.

그러나 원조는 무상으로 제공되지만 우리 정부가 가진 재건 구상에 따라 자유롭게 사용할 수 있는 재원이 아니었다. 무엇보다도 중요한 것은, 원조자금은 미국 정부의 재정자금 일부를 할당하여 조성되므로 미국 국회의 동의를 얻어야 했을 뿐 아니라 그 자금의 사용을 위해서는 미국 정부와의 협의가 요구되었다는 점이다. 원조는 다양한 경로를 통해 우리 경제에 영향을 주었다. 그중에서 어떤 원조물자를 도입할 것인지, 원조물자 판매가격은 어떤 수준으로 결정할 것인지, 그렇게 적립된 대충자금은 어떻게 사용할 것인지 등이 특히 중요하였다.

이 장에서는 바로 이러한 문제가 어떻게 조정되고 처리되었는지를 먼저 살펴보고, 실제 우리 경제가 어떻게 변화되었는지를 몇 가지 주요 부문을 대상으로 설명하고자 한다.

01

원조는 어느 나라가 제공했나?

6·25전쟁 이전의 원조

6·25전쟁 이전에 우리나라에 제공된 원조는 미국이 전담하였다. 이 시기의 원조는 정부 수립 이전과 이후로 구분할 수 있는데, 정부 수립 이전에는 미군정이 미 육군부로부터 구호물자를 넘겨받아 한국인들에게 분배하였다. 이른바 점령지역 행정구호원조라고 불렸던 GARIOA Government and Relief in Occupied Area 원조는 제2차 세계대전 종전 직후 미국이 점령지역 주민들에게 기아·질병의 방지와 사회 안정을 위한 긴급 구호물자를 제공한 것에서 비롯되었다. 따라서 GARIOA 원조는 미군이 한국에 진주한 1945년 9월부터 제공되었는데, 이 원조가 종료된 1948년까지 총 4억 900만 달러가 제공되었다.

이 원조를 통해 도입된 물자를 보면, 식료품이 제일 많아 전체의 42%를 차지했으며, 두 번째로 많이 들어온 물자는 비료로 전체의 19%를 차지하였다. 그 다음으로 많이 들어온 물자는 피복류, 석탄을 포함한 고체연료, 석유류이며, 그 비율은 각각 10%, 8%, 5%를 차지하였다. 전체적으로 볼 때 GARIOA 원조는 민생과 사회 안정을 위해 당장의 물자 부족을 해소하는 데 기여할 수 있는 최종소비재 위주로 도입되었다.

이승만 정부가 수립된 것은 미국의 대한對韓 원조기구와 정책이 바뀌는 주요 계기였다. 우선 원조를 시행하는 주체가 미군정에서 한국 정부로 변경되자 미국 정부는 자신을 대리하여 현지에서 한국 정부와 원조 관련 문제를 협의할 주한 원조기구가 필요하게 되었다. 주한 경제협조처 사절단ECA: Economic Cooperation Administration Mission in Korea은 이러한 목적으로 1948년 12월 서울에 설치되었고, 1949년 1월 미 육군부로부터 대한 원조사무를 인수하여 본격적인 활동에 돌입하였다.[33]

그러나 1949년 전반기의 ECA 원조는 미군정 기간의 원조와 크게 다르지 않았는데, 그 중요한 이유는 주한 ECA가 미 육군부 자금을 그대로 인수해서 활동했기 때문이었다. 이런 점을 고려할 때 주한 ECA 원조는 1950년도 예산1949.7.1~1950.6.30을 새롭게 편성하면서 본격적으로 시작되었다고 할 수 있다.

주한 ECA는 우선 한국경제의 부흥을 위해 경제부흥 3개년 계획을 수립하여 미 의회에 정식으로 제출하였다. 이 계획은 세 가지 부문의 투자계획을 강조하였다. 우선 충분한 전력을 생산·공급해야 할 필요성으로 인해 석탄개발과 화력발전 시설을 확충하고자 했고, 다음으로 철도·교량·통신 등 사회간접자본의 확충을 계획하였다. 마지막으로 이 계획에서 특히 강조한 것은 비료공장을 건설하여 비료 생산능력을 확대하는 것이었다. 주한 ECA는 이를 통하여 동력을 안정적으로 공급하고 식량증산으로 확보한 잉여 쌀을 수출함으로써 경제부흥에 필요한 시설, 자재 및 원료 수입에 필요한 재원을 공급할 수 있는 경제 기반을 구축하고자 하였다.[34]

그렇지만 ECA 원조는 제대로 실천되지 못했다. 무엇보다도 미국 내에서 한국의 경제부흥이 실현 가능한지에 대한 의문이 제기되었으며, 더욱이 경제부흥을 추진하는 과정에서 경제안정을 해칠 가능성이 매우 높다는 이유로 원조 규모에 대한 합의가 쉽게 이루어지지 않았다. 상기한 경제부흥 3개년계획에서는 3개년간의 원조 총액을 3억 5천만 달러로 상정했고, 그중 1차년도의 원조자금을 2억 달러로 책정하였다. 그러나 미 행정부는 1차년도의 자금을 1억 5천만 달러로 삭감했고, 이 안조차 미국회 내에서 논란 끝에 1950년 1월 부결되어버렸다. 이 기간 동안 주한 ECA의 활동은 임시적 지출에 머물 수밖에 없었다. 이와 같이 1차년도 예산은 제대로 집행되지 못했으며, 2차년도 예산이 1950년 3월 1억 달러로 결정되었지만 이는 6·25전쟁의 발발로 본래의 용도대로 거의 사용되지 못했다.

UN을 통한 원조

미국은 전쟁이 발발하자 한국 문제를 UN에 상정하였다. 이에 UN 안전보장이사회에서는 1950년 6월 27일 UN군 형식으로 6·25전쟁에 참전할 것을 결의했는데, 이것은 미국의 원조정책에 중대한 영향을 미쳤다. 가장 중요한 변화는 미국 주도의 원조에서 UN[UN군] 주도의 원조로 전환되었다는 점이다. 전쟁은 UN군 중심으로 치러졌기에 전쟁 중 시행되는 모든 원조정책도 UN군을 통해 결정될 필요가 있었던 것이다. 게다가 전시의 원조는 전쟁 이전의 원조와는 성격이 달라야 했다. 앞에서 지적한 바와 같이, ECA 원조가 한국경제에 부족한 시설을 건설하는 등 부흥에 초점을 맞추었다면, 전시의 원조는 전쟁 과정에서 발생하는 전재민, 피난민 등의 문제를 해결하여 UN군의 전쟁 수행에 기여하도록 목표가 조정되어야 했다. 즉, 민생과 사회 안정을 위한 구호원조로 전환된 것이다.

표 6은 한국 정부 수립 이후 원조기구별 원조액 추이를 정리한 것이다. 정부 수립 이후 최초로 제공된 ECA 원조는 1949년에 가장 많이 제공되었고, 그 이후에는 점차 줄어들다가 1951년 4월에 공식적으로 종료되었다. 전쟁 중 가장 많이 제공된 원조는 한국 민간구호CRIK: Civilian Relief in Korea 원조였다. 이 원조로 도입된 자금은 1950년에는 900만 달러에 불과했지만, 그 이후 빠르게 증가하여 1951년에는 9,700만 달러, 1952년과 1953년

	ECA	CRIK	UNKRA	ICA	PL480	합계
1949	116,399					116,399
1950	44,845	9,376				54,221
1951	32,822	96,605	122			129,549
1952		159,233	1,969			161,202
1953		159,022	29,580	5,571		194,173
1954		50,191	21,297	82,437		153,925
1955		8,711	22,181	205,815		236,707
1956		331	22,370	271,049	32,955	326,705
1957			14,103	323,267	45,522	382,892
1958			7,747	265,629	47,896	321,272
1959			2,471	208,297	11,436	222,204
1960			244	225,236	19,913	245,393
합계	194,066	483,469	122,084	1,587,301	157,722	2,544,642

출처: 최상오(2007), 361쪽. (단위: 1천 달러)

표 6 원조기구별 원조액 추이
1949년 ECA 원조에는 GARIOA 원조에서 이관된 자금이 일부 포함되어 있다
1951~1953년 CRIK 원조에는 6 · 25전쟁 발발로 사용하지 못한 2,600만 달러의 ECA 자금이 포함되어 있다.

에는 공히 1억 5,900만 달러가 도입되었다. 그러나 CRIK 원조는 전시 한국인의 기아, 질병과 고난을 완화하기 위해 임시적으로 제공된 것이어서 종전 이후 급감하여 1954년에는 5천만 달러가 도입되었고, 1956년의 33만 달러를 마지막으로 종료되었다.

CRIK 원조물자는, 상기한 바와 같이, UN군 주도로 관리되었다. 이를 위해 주한 UN군은 1950년 12월 미 제8군 소속의 보건후생과를 확대·개편하여 UN 민사처를 설립, 주한 경제협조처 사절단의 임무를 대체하였다. 1953년 7월 한국 민사처로

개편될 때까지 UN 민사처는 CRIK 원조를 배분하는 핵심 원조 기구로 활동하였다.[35]

UN을 통한 원조는 구호물자로만 제공된 것이 아니었다. 한국군과 UN군이 38선을 넘어 북한 전역을 점령함에 따라 한국 통일과 전쟁으로 파괴된 산업시설의 재건은 매우 중요한 문제로 다루어졌다. 이에 UN은 1950년 12월 1일 한국의 경제재건을 주관할 원조기구로서 UN 한국재건단UNKRA: United Nations Korean Reconstruction Agency의 설립을 결의하였다. 물론 UNKRA의 활동은 중공군의 개입으로 전선이 다시 불안정해지자 상당히 지연되었지만, 1951년 7월 마침내 부산에 본부를 개설하였다.

1954년 5월 열린 UNKRA 원조 조인식. 산업시설 재건에 사용된 UNKRA 원조는 UN 회원국의 소극적인 지원으로 대한 원조에서 큰 비중을 차지하지 않았다.

표 6에서 확인할 수 있듯이, 본부 개설 초기에는 활동이 부진하여 1951년 원조액은 12만 달러에 불과했고, 1952년 원조액은 200만 달러에 머물렀다. UNKRA 원조는 종전 이후 본격적으로 추진되었는데, 이 원조액의 70%는 파괴된 산업시설의 재건과 공장 건설에 사용되었다.

UN에서 미국 주도로 전환

종전은 전쟁 중에 시행된 원조정책의 변화를 요구하였다. 표 6에서 확인할 수 있듯이 전시 원조는 민간구호원조를 중심으로 전개되었는데, 종전은 구호원조보다 전쟁 중에 파괴된 시설의 복구·확충이나 새로운 시설의 건설을 더 중요하게 만들었다. 이런 상황을 배경으로 UNKRA 원조가 점차 활기를 띠었지만, 이는 두 가지 한계를 갖고 있었다.

먼저 지적할 수 있는 것은 자금 조성에 한계가 있었다는 점이다. UNKRA 자금은 UN 회원국이 출연하여 조성되지만, 실제 이 자금의 대부분은 미국이 출연하고 있었다. 더욱이 종전 이후 경제재건을 위해서는 더 많은 자금이 소요되나 미국 이외의 다른 UN 회원국의 자금 출연은 지지부진하였다.

다음으로 더 중요한 문제는 UNKRA 자금의 대부분을 미국 정부가 출연하는데도 UNKRA의 사업활동은 미국 정부의 직접적인 통제를 받지 않았다는 점이다. UNKRA의 활동은 UN 본부에 직접 보고되었고, 주한 UN군 사령부하에서 추진되는 다른 원조활동과 UNKRA 활동은 쉽게 조정되지 않았다. 가령 미국 육군부 예산에서 90%의 자금이 조달되는 UN 민사처 활동은 동경과 워싱턴의 미군 사령부를 거쳐 UN으로 보고가 이뤄졌다.[36] UNKRA를 설립할 당시 미국은 UN군 형식으로 6·25 전쟁에 참전했던 것과 마찬가지로 종전 이후 한국경제의 재건에서도 다수의 UN 회원국이 참여하는 다자간 방식을 계획했으나, 이는 현실적으로 실현되기 어려웠다.

종전 직후 미국은 한국에 대한 원조를 쌍무적 방식으로 변경함과 동시에 분권화되어 있는 주한 원조기구의 활동을 조정하고자 하였다. 이에 미국 정부는 1953년 8월 원조정책을 전담하는 기관으로서 대외사업처FOA: Foreign Operations Administration를 신설하였으며, 주한 원조기구로 경제조정관실OEC: Office of the Economic Coordinator을 설치하고 경제조정관을 임명하였다. 경제조정관실은 주한 UN군 사령부 휘하에 설치되었지만, 경제조정관은 한국에서 FOAICA 원조를 관리·감독하고,[37] 이와 CRIK 원조 및 UNKRA 원조를 조정할 수 있는 권한을 갖게 되었다.

대한 원조가 미국 주도로 전환되면서 원조액은 급격히 증가하였다. 표 6에서 확인할 수 있듯이, 국제협조처ICA: International Cooperation Administration 원조는 1953년 560만 달러에 불과했지만, 1954년에는 8,200만 달러, 1955년에는 2억 600만 달러로 증가했고, 최고 수준에 도달한 1957년에는 3억 2,300만 달러에 이르렀다. 그 이후 ICA 원조는 감소했지만, 1960년에도 여전히 2억 2,500만 달러가 제공되었다. 이런 추세는 이 시기에 제공된 전체 원조액에도 그대로 나타났다. 1949~1960년까지 제공된 원조 총액은 25억 4,500만 달러였는데, 이 중에서 1953년 이후에 제공된 원조가 전체의 82%를 차지하였다. 앞에서 지적한 바와 같이, 우리 경제의 전후 재건은 이와 같이 대규모로 제공된 원조를 기반으로 추진되었음을 다시 확인할 수 있다.

02

원조의 제약

원조협정, 미국 정부의 의도

원조를 운영하는 주체와 제공하는 주체가 서로 다를 경우, 원조 공여국의 의도와 다르게 원조가 운영되는 문제가 발생할 수 있다. 때문에 미국은 제2차 세계대전 이후 본격적으로 원조를 제공하면서 원조 공여국의 의도와 원조 수혜국이 지켜야 될 의무 등을 정하고 이를 공식화하기 위해 두 나라 사이에 원조협정을 체결하도록 의무화하였다. 정부 수립 이후 최초로 ECA 원조가 공급되기 전에도 한국 정부와 미국 정부는 1948년 12월 원조협정을 체결하였다. 그리고 이후에도 경제 여건의 변화나 원조정책의 변화 등이 발생할 때마다 한국 정부와 미국 정부는 원조협정을 수시로 체결하였다.

1952년 5월에 체결한 '대한민국과 통일사령부 간의 경제조정에 관한 협정'이하 경제조정협정과 1953년 12월에 체결한 '경제

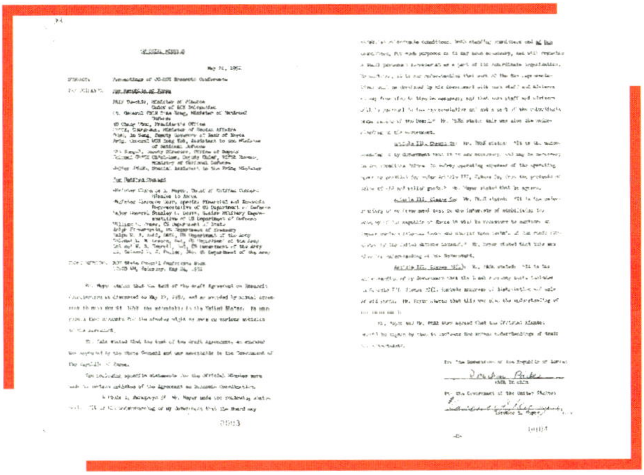

1952년 5월 체결된 경제조정에 관한 협정(일명 마이어협정).
미국 정부는 원조협정을 체결하여 원조자금의 사용을 규제하였다.

재건 및 재정안정계획에 관한 합동경제위원회 협약'이하 합동경제위원회 협약이 이에 해당하는 대표적인 사례이다.[38] 경제조정협정은 1951년 4월 ECA 원조가 사실상 중단되고 UN군 사령부 주도로 원조를 제공하게 되자, 이러한 상황에 조응하는 새로운 원조협정의 체결이 요구되어 추진되었다. 합동경제위원회 협약은 원조정책이 UN군 사령부 주도에서 미국 정부 주도로 변하고 이에 근거하여 한국 내에 경제조정관이 임명됨에 따라, 이러한 상황에 맞는 새로운 원조협정의 체결이 필요하여 추진되었다.

그러나 새로운 원조협정을 체결하기 위한 한미회담은 순탄하게 진행되지 않았다. 경제조정협정의 경우 처음 회담이 개최된 때는 1951년 4월인데, 협정 체결은 그로부터 1년여나 지난 후

1953년 8월 경제조정관으로 부임하여 입국한 타일러 우드가 환영을 받고 있다.

에야 이루어졌다. 합동경제위원회 협약의 경우 경제조정협정만큼 시간이 지연되지는 않았지만 4개월간의 논의 끝에 체결되었다. 협정 체결이 지연된 것은 한국 정부와 미국 정부 사이의 갈등이 그만큼 심했음을 의미한다. 더 구체적으로 말하면, 두 정부는 인플레이션을 해결해야 한다는 점에서는 동의했지만, 그 원인과 해결책에 대해서는 서로 다른 견해를 갖고 있었다. 미국 정부가 당시 인플레이션의 원인을 화폐 공급량의 팽창으로 이해했다면, 한국 정부는 화폐 공급량의 팽창을 부정한 것은 아니지만, 생산시설의 파괴로 인해 공급이 급감한 것이 더 중요한 인플레이션의 원인이라고 주장하였다. 이와 같이 경제현실에

대한 두 정부의 인식 차이가 협정 체결을 지연시켰다.[39]

그러면 미국 정부가 원조를 제공함으로써 달성하고자 한 목표는 무엇이었을까? 원조협정은 두 나라 사이의 갈등이 조정된 결과이지만, 기본적으로 원조 공여국인 미국 정부의 입장을 반영하여 체결되었다. 미국 정부의 원조정책 목표는 매우 일관되었다. 경제 여건의 차이 등에 의해 세부적인 정책에서는 조금씩 다를 수도 있었지만, 원조를 제공함으로써 미국 정부가 한국 경제에서 실현시키고자 했던 궁극적인 목표는 경제안정의 달성이었다. 이것은 1948년 12월에 체결된 원조협정에서 그 이후에 체결된 원조협정에 이르기까지 1950년대 내내 거의 변하지 않고 일관되게 적용된 목표였다. 그렇다고 경제부흥이 완전히 부정된 것은 아니었다. 경제부흥은 경제안정을 해치지 않는 범위 내에서 추진이 가능하였다.

또한 원조협정은 미국 정부의 원조정책 목표와 함께 그것의 실현을 위해 한국 정부가 시행해야 할 정책 가이드라인을 구체적으로 제시하였다. 가령 1948년 12월 원조협정에서는 "가능한 모든 방법으로 정부의 지출을 절약하며 정부의 수입收入을 증가함으로써 예산의 균형을 도모"할 것과 "경제안정의 달성에 필수 불가결한 통화 발행의 통제 및 공사 신용 사용의 통제를 실시"할 것을 요구하였다.제2조 마찬가지로 경제조정협정에도 그러한 내용이 포함되었다. 경제조정협정 제3조는 한국 정부로

하여금 "통화 팽창, 유해한 투기적 행동을 억제하기 위한 새로운 조치를 취하고, 세입의 최대한 징수를 포함하는 건전하고 적절한 재정정책을 실시하며 공사 여신 증대에 대하여 적절한 통제를 강구할 것"을 규정하였다.

앞에서 지적한 바와 같이, 원조는 우리 경제의 전후 재건을 위해 유용한 재원으로 활용될 수 있었다. 그러나 그것은 다른 한편으로 경제안정의 달성이라는 미국 정부의 원조정책 목표에 제약되어 사용되어야 했고, 이런 특징은 전후 우리 경제의 재건 방향과 내용에 커다란 영향을 주었다.

주한 원조기구와 합동경제위원회

재정자금의 일부로서 편성되는 미국의 원조는 미국 정부의 다른 예산과 마찬가지로 국회의 심의를 거쳐 결정된다. 이때 원조액 규모는 미국의 대한정책을 고려하여 전체 원조액 예산 중에서 편성된다. 그렇다면 이렇게 결정된 원조는 한국 내에서 어떻게 관리·운영되었을까? 두 가지 문제가 중요하다. 하나는 한국 내에서 원조 관련 업무를 총괄·운영하는 주한 원조기구의 설치이고, 다른 하나는 한국 정부와 정책을 조정하는 기구의 설치이다.

1948년 제정된 미국의 대외원조법은 원조 수혜국 현지에서 활동할 수 있는 원조기구의 설치를 의무화했기 때문에 주한 원조기구는 원조 제공 초기부터 설치되어 활동하였다. 앞에서 지적한 바와 같이 주한 경제협조처 사절단은 이런 목적을 달성하기 위해 1948년 12월에 설치되었는데, 6·25전쟁 발발과 함께 사실상 그 활동이 중단되었다.

전쟁 중에는 주한 UN군 사령부 산하의 UN 민사처와 UN 회원국이 출연한 자금을 재원으로 활동하는 UNKRA가 대한 원조 운영기관으로 활동하였다. 전시에는 UNKRA의 활동이 아직 활발하게 이루어지지 않았고, 게다가 UN 민사처 원조와 UNKRA 원조의 성격이 크게 달랐기 때문에 두 운영기관은 서로의 활동을 크게 방해하지 않았다. 그러나 종전이 다가오자 주한 원조기구의 활동을 조정할 필요가 생겼다. 특히 UNKRA 활동이 활발해지고 대한 원조가 UN 주도에서 미국 주도로 변경되는 것을 계기로 주한 원조기구 간의 활동 조정이 중요해졌다. 주한 원조기구로서 경제조정관실을 1953년 8월에 설치한 것은

경제조정관실과 경제조정관

경제조정관실에는 경제조정관이 임명되어 주한 원조기구 간의 역할을 조정하는 임무를 수행하였다(이종원, 1996, 161쪽; 정일준, 2000, 48~49쪽). 초대 경제조정관에는 상호안전보장국 부국장이었던 타일러 우드(Tylor Wood)가 1953년 8월 임명되어 1956년 7월까지 활동했고, 제2대 경제조정관에는 윌리엄 원(William Warne)이 임명되어 1959년 3월까지 활동하였다. 원 경제조정관이 이임한 후 경제조정관실은 일시 공백 상태로 있다가 USOM 체제로 전환되었다.

이러한 주한 원조기구 간 조정의 필요성 때문이었다. 물론 당시의 준전시상황을 고려하여 경제조정관실은 주한 UN군 사령부 휘하에 설치됐지만, UN군 사령부와 상당 정도 독립성을 유지하면서 활동할 수 있었다. 경제조정관실은 1959년 6월에 USOM United States Mission to Korea 으로 대체될 때까지 주한 원조기구로서 활동하였다.

경제조정관실은 원조기구 간 정책을 조정하는 역할 이외에도 한국 내에서 원조 운영기관으로서 더욱 중요한 역할을 수행하였다. 경제조정관실은 한편으로 한국경제 실태를 분석하고 그에 맞는 원조정책을 개발하여 본국 정부에 제안하기도 했지만, 다른 한편으로는 한국에서 원조정책이 잘 시행되고 있는지를 관리해야 했다. 이러한 목적을 달성하기 위해 경제조정관실은 원조정책 및 원조와 관련된 다른 정책에 대하여 우리 정부와 정기적으로 협의할 기구를 설치해야 한다고 생각하였다.

합동경제위원회 Combined Economic Committee 는 1952년 5월 경제조정협정을 체결하면서 설치되었는데, 그 주요 기능은 주한 원조기구와 우리 정부 사이에서 원조 관련 정책을 조정하고 필요한 정책을 건의하는 것이었다. 이러한 목적을 달성하기 위해 이 위원회는 우리 정부 대표 1인과 UN군 총사령관 주한 원조기구 대표 1인으로 구성되었고, 필요한 경우 분과위원회를 설치할 수 있었다. 경제조정협정에 따르면, 이 위원회에서 다룬 문제는 매우 광범위하였다. 일반적으로 말해 이 위원회는 '통일사령부의 대한 원조계획 전반과 이와 관련된 한국 정부의 정책과 계획의 모든 사항'을 다루었다. 더욱 구체적으로 살펴보면, 합동경제위원회에서는 한국 정부의 재정·금융정책은 물론, 원조물자 판매가격, 대충자금의 적립과 운영, 한국 정부가 보유한 외환에 대한 사용계획, 수출입계획 등을 검토하고 건의할 수 있었다.[40]

경제조정협정에서는 이 위원회가 정책을 조정하고 건의하는 기능을 원활히 수행하기 위해 회의를 정기적으로 개최할 것을 규정하였다. 합동경제위원회 운영절차에 따르면, 위원회 전체

1958년 10월 합동경제위원회 회의 장면. 한국과 미국 정부 대표로 구성된 이 위원회에서 원조와 관련된 주요 사항이 결정되었다.

회의는 격주 또는 각 대표의 요청에 따라 개최될 수 있었다. 그러나 전체회의는 잘 열리지 않아 1952년 5월부터 1953년 초까지 13차례밖에 개최되지 않았고, 그 이후에는 단 한 차례도 열리지 않다가 부흥부 설립 이후인 1956년부터 정기적으로 개최되었다고 한다.[41] 그러나 1950년대 전반에 전체회의가 개최되지 않았다고 해서, 그것이 주한 원조기구와 우리 정부 사이에 정책 조정이 이루어지지 않았음을 의미하지는 않는다. 공식적인 전체회의가 없었을 뿐이지 분과위원회 회의나 실무자 사이의 협조는 긴밀하게 유지되었다.

1950년대에 도입된 원조는 우리 정부가 독자적으로 사용할 수 있는 것이 아니었다. 원조는 원조협정에서 제시한 목표와 그에 따라 판단하는 주한 원조기구와 합동경제위원회의 협의와 동의하에서 지출되었다. 따라서 우리 경제의 입장에서 볼 때, 원조는 재건에 필요한 재원을 공급해준다는 긍정적인 측면과 동시에 미국 정부의 원조정책 목표에 제약되는 한계를 갖는 것이었다. 다음으로는 도입되는 원조물자 종류와 대충자금의 운용 문제를 중심으로 원조가 실제 어떻게 운영되었는지를 살펴보기로 한다.

어떤 원조물자가 도입되었나

원조자금을 사용하여 어떤 물자를 도입했는가 하는 문제는 매우 중요하다. 가령 중간 투입재로서 비료를 도입하는 것과 비료 공장을 건설하는 데 필요한 자재와 설비를 도입하는 것 중 어느 것을 선택하느냐에 따라 우리 경제에 미치는 영향에는 엄청난 차이가 발생한다. 전자의 경우 비료를 생산할 수 있는 공장이 없기 때문에 계속 비료를 수입해야 하며, 원조를 통해 수입할 수 있을 때에는 문제가 없지만 원조가 감소하거나 폐지되었을 때에는 우리 정부가 보유한 외환으로 비료를 수입해야 할 것이다. 그러나 후자의 경우 비료공장을 건설하면 국내 생산을 통해 국내 수요를 충당할 수 있게 되고, 아울러 비료 수입에 따른 외환 수요를 줄일 수 있다. 우리 경제의 자립적 기반을 확립하려면 비료를 수입하는 전자보다는 비료공장을 세워 비료를 생산하는 후자가 훨씬 바람직하다.

그러나 우리 정부는 원조자금을 독자적으로 사용할 수 있는

	1954	1956	1958	1960	합계 (1954~1960년)
원조 총액(a)	82,437	271,049	265,629	225,236	1,581,730
계획원조(b)	10,165	85,390	63,890	50,530	443,275
b/a(%)	12.3	31.5	24.1	22.4	28
비계획원조(c)	72,272	185,659	201,739	174,706	1,138,455
원료, 반제품(d)	30,518	107,171	97,960	76,933	562,052
식량, 유류	23,405	37,747	41,736	36,807	274,322
c/a(%)	87.7	68.5	75.9	77.6	72
d/c(%)	42.2	57.7	48.6	44	49.4

출처: 최상오(2007), 366쪽. (단위: 1천 달러)

표 7 원조 유형별 ICA 원조물자의 도입 실적

권한을 갖지 못했다. 위에서 지적한 바와 같이, 원조자금을 이용하여 도입할 물자는 합동경제위원회에서 주한 원조기구와의 협의를 통해 결정할 수 있었다.

표 7은 1950년대에 도입액이 가장 큰 ICA 원조를 사례로 하여 원조 유형별 도입 실적을 정리한 것이다. 원조물자는 계획원조project aid와 비계획원조non-project aid로 구분하여 도입되었다. 원조 총액 중 계획원조로 도입된 물자의 비율은 1954년 12%에서 1956년 32%로 증가했다가 이후 감소하여 1960년에는 22%를 차지하였다. 이 기간 동안 계획원조로 도입된 물자는 평균 28%의 비율을 차지하였다. 계획원조는 정부의 부흥계획에 근거하여 도입되는 물자인데, 철도, 통신시설 등과 같은 사회간접자본의 복구·확충에 필요한 자재와 설비가 대부분을 차지하였다. 전쟁 이후 제공된 원조는 대부분 비계획원조 형태로 도입되었는데, 이 기간의 평균 비율은 72%였다.

비계획원조로 도입된 물자는 크게 세 가지 요소로 구성되었다. 하나는 정부 부문에서 직접 소비하기 위해 도입되는 물자로서 식량과 유류 등 최종소비재였으며, 이는 비계획원조에서 평균 32%의 비율을 차지하였다. 다른 하나는 민간기업의 소비물자로서 원면, 생고무, 인견사, 소모사, 펄프 등과 같이 생산에 필요한 원료와 반제품이었으며, 이는 비계획원조에서 평균 49%의 비율을 차지하였다. 마지막으로 비계획원조를 통해 도

미 원조 양곡선(Duke of Mistra)이 부산항에 도착하여
관계자들이 양곡을 퍼내리는 기념의식을 하고 있다.
미국 원조는 양곡을 비롯하여 주로 소비재 형태로 도입되었다.

입된 물자는 민간 부문에 판매하는 생산재로 비료, 철강제품, 목재 등이 포함되었다. 전체적으로 볼 때 이 기간에 도입된 원조물자는 생산시설을 건설하기 위한 자재와 설비보다는 소비재 생산에 필요한 연료, 원료 및 반제품이 주를 이루었다.

물론 이것은 우리 정부가 요구했던 것은 아니다. 우리 정부는 사회간접자본의 복구·확충은 물론 주요 기간산업의 건설에 필요한 자재와 설비의 도입을 강력히 주장하였다. 그러나 그것은 주한 원조기구미국 정부의 반대에 부딪혀 실현되지 않았고, 그들의 주장을 반영하여 소비재산업 운영에 필요한 원료 위주로 도입되었다.

미국 정부가 우리 정부의 주장에 반대한 것은 두 가지 이유 때문이었다. 우선 원조협정에서 제시한 것처럼, 미국 정부는 산업시설의 복구·확충보다 경제안정을 더욱 중요하게 생각하였다. 그들은 사회간접자본과 주요 기간산업을 건설하려면 수년간에 걸쳐 원조자금을 투입해야 하는 부담을 안아야 했고, 동시에 산업자금을 공급하기 위해 화폐 공급량이 증대되면 인플레이션이 더욱 악화될 가능성이 높다고 생각하였다. 반면에 소비재 생산에 필요한 원료를 제공하는 것은 당장 공급이 부족한 생활필수품 생산을 확대하는 효과가 있어 물가안정에 기여할 수 있었던 것이다. 다음으로 중요한 것은, 원조자금이 미국의 재정자금에서 배정되었다는 점이다. 이런 제약 때문에 미국 정

부는 자국 기업에 부정적인 영향을 미칠 수 있는 산업 건설에 소극적일 수밖에 없었다.[42]

이것은 전후 재건과정에 결정적인 영향을 미쳤다. 1950년대 경제재건과정에서 소비재산업이 가장 빨리 재건·성장하고, 중화학공업이나 사회간접자본의 재건과 건설이 지연되었던 것은 원조가 갖는 한계에 기인한 것이었다.

대충자금의 운용

원조는 달러 표시의 금액을 한국 정부에 통고하고, 그에 근거하여 합동경제위원회에서 합의된 각종 물사를 도입하는 방식으로 이루어졌다. 이 과정에서 한국 정부는 물자를 수입할 수 있는 일정 금액의 허가권을 정부 혹은 민간기업에게 유상으로 판매하며, 물자는 이 수입허가권을 구입한 사람이 수입하게 된다. 이와 같이 원조는 미국 정부가 우리 정부에게 무상으로 제공한 것이지만 국내에서 그것을 이용할 때에는 유상으로 판매하고, 이 판매금액은 한국은행의 특별계정에 정부의 재정자금으로 적립되어야 했다. 통상 이것을 대충자금이라고 부른다. 물론 현실에서 대충자금은 원조물자 판매 때마다 적립되는 것이 아니라 한국에 배정된 원조액에 한미 정부 간에 합의한 환율대충자금 환율을 적용하여 환산한 금액을 한꺼번에 적립하게 된다.[43] 가령 1955년의 원조가 1억 달러이고, 당시 환율이 1달러당 500원이

	1950	1953	1957	1960
경상수입	83	3,163	14,570	29,701
차입금	153	2,723	5,437	1,992
대충자금(a)	13	796	22,451	16,763
합계(b)	249	6,682	42,458	48,456
a/b	5.2	11.9	52.9	35

표 8 일반재정 세입과 대충자금의 비중

출처: Choi(2007), 26쪽. (단위: 100만 원, %)

면 500억 원의 대충자금이 특별계정에 적립되는 것이다.

이렇게 적립된 대충자금은 정부의 재정에서 커다란 비중을 차지하였다. 당시 정부의 세입은 크게 세 가지 항목으로 구분되었다. 조세, 전매 수입, 특별회계 전입금 등으로 구성된 경상수입과 국채 발행과 중앙은행 차입을 통해 들어오는 차입금, 마지막으로 원조물자 판매를 통해 적립되는 대충자금이었다. 표 8에서 확인할 수 있듯이, 정부 세입에서 대충자금이 차지하는 비율은 1950년에는 5%에 불과했지만, 원조가 증대하면서 빠르게 증가하였다. 1953년의 비율은 12%였고, 원조가 가장 많이 공급된 1957년에는 53%를 차지하여 절반을 초과하였다. 이후에는 원조가 감소하여 1960년의 비율은 35%로 줄어들었지만, 대충자금은 이 기간 평균 43%를 차지하여 정부 재정에 절대적인 영향을 미쳤다.

우리 경제에 미치는 영향이라는 관점에서 볼 때 더 중요한 것은 대충자금을 어떤 용도로 사용했느냐 하는 점이다. 그런데 대충자금은 우리 정부의 재정자금에 포함되지만, 원조를 기반으로 하여 창출된 것이기 때문에 주한 원조기구와 협의를 통해 사용할 수 있었다. 우리 정부는 대충자금의 더 많은 부분을 전후 복구·재건을 위해 사용하기를 원했지만, 주한 원조기구는 이를 경제를 안정시키는 데 사용할 것을 요구하였다. 당시 정부 재정은 경상수입만으로 경상지출을 충당할 수 없는 만성적인 적자구조였다. 적자의 가장 중요한 원인은 우리 경제가 감당할 수 있는 이상의 군대를 보유한 것이었는데, 주한 원조기구는 국방비 지출 때문에 발생하는 적자를 대충자금으로 충당할 것을 요구하였다.

그렇지만 대충자금은 정부의 재성자금에 포함되는 것이어서 우리 정부의 의사가 비교적 많이 반영되었다. 대충자금 중에서 국방비로 전입된 것은 전체의 35%에 불과했고, 나머지는 자본지출의 성격을 갖는 재정 투·융자 항목으로 지출되었다. 재정 투·융자에서 2/3 정도를 차지한 재정투자는 도로·철도·항만 시설, 통신시설, 도시·정부 시설의 복구 및 건설, 교실·주택의 복구 및 신축 등 사회간접자본의 재건 및 확충에 대부분 사용되었다. 재정융자는 산업은행과 농업은행을 통해 민간 부문에 대출되는 자금을 의미한다. 농업은행을 통해 대출된 자금의 대부분은 수리자금으로 사용되었고, 산업은행을 통해 대출된 자금의 60% 이상은 제조업, 건설업 등에 시설복구자금으로 제공되어 전후 재건에 크게 기여하였다.

03

사회간접자본의 확충

교육의 확대

교육은 경제성장을 결정하는 핵심 요인 중의 하나이다. 특히 자원이 부족하고 경제발전 수준이 낮아 축적된 자본이 적고 기술 발달 수준이 낮은 후발국의 입장에서 교육은 더욱 중요한 의미를 갖는다. 더욱이 해외의 선진국가에서 자본과 기술을 원활하게 도입할 수 있는 세계경제 환경에서, 교육은 인적 자본을 축적하는 핵심적인 역할을 담당하여 우리 경제발전에 결정적인 영향을 미친 요인이라고 평가된다.

1950년대에 교육 분야에서 일어난 변화는 가히 혁명적이라고 평가할 수 있다. 우선 지적할 수 있는 점으로, 성인 문맹률이 급격히 떨어졌다. 해방 직후 12세 이상 인구 중 어떤 형태의 교육기관에도 다니지 않은 '불취학자'의 비율은 거의 80%에 육박하였다. 물론 이들 모두가 '글자를 읽지 못하거나 쓰지 못하는'

문맹자에 해당하는 것은 아니지만, 문맹률도 거의 비슷한 수준이었다고 추정된다. 그러나 1959년이 되면 성인 문맹률은 22%로 떨어졌다.

이렇게 짧은 기간에 성인 문맹률이 급격히 떨어진 것에는 두 가지 요인이 중요하였다. 먼저 지적할 수 있는 것은 정부가 성인 문맹을 퇴치하기 위해 적극적인 정책을 시행했다는 점이다. 1954년에 들어 정부는 두 차례에 걸쳐 전국 규모의 문맹퇴치교육을 실시하였다. 1954년 3월에 실시된 제1차 문맹퇴치교육은 만 19세 이상의 성인 문맹 남녀를 대상으로 했고, 제2차 교육에서는 만 12세 이상의 성인 문맹 남녀를 대상으로 시행하여 상당한 성과를 거두었다. 이때 시행된 문맹퇴치교육은 단기 코스여서, 각각 40일과 60일 동안 성인 문맹자를 대상으로 교육을 진행하였다.

다른 하나는 문맹 퇴치를 위해 정부가 근원적인 정책을 시행하였다는 점이다. 제헌헌법 제16조는 "모든 국민은 평등하게 교육을 받을 권리가 있다. 적어도 초등교육은 의무적이며 무상으로 한다"고 규정하였다. 이에 근거하여 1949년 12월 제정된 교육법법률 제86호 제8조에서는 "모든 국민은 6년간의 의무 교육을 받을 권리가 있다"고 규정하였다. 이에 따라 1950년부터 초등 의무교육이 본격적으로 시행되었는데, 이것은 자연스럽게 문맹률을 낮추는 데 크게 기여하였다.

이 시기에는 양적으로도 커다란 변화가 있었다. 가장 두드러진 변화는 학령인구 비율이 급격히 상승하였다는 점이다. 가령 초등학교 학령기에 해당하는 6~12세의 학령인구 비율은 1940년에 32.7%였으나, 1955년에는 65.9%로 거의 두 배 증가했다. 이후에도 이 비율은 계속 증가하여 1960년에는 99.8%가 되어 의무교육이 완전히 실현되었다. 학령인구 비율의 증가는 약간의 시차를 두고 먼저 중등교육에서 나타났고, 다음에 고등교육에서도 나타났다. 1940년에 2.4%였던 중등교육 인구 비율은 1955년에는 26.1%, 1960년에는 33.8%로 상승했고, 1970년에 51%로 절반을 넘어섰다.

학생 수 증가와 함께 학교 수도 빠르게 증가하였다. 1948~1960년 사이 전국의 초등학교 수는 3,443개 교에서 4,496개 교로, 중학교 수는 380개 교에서 1,053개 교로 늘어났으며, 고등학교 수도 1950년 262개 교에서 1960년 640개 교로 크게 늘어났다. 전문학교와 대학교는 해방 직후 19개 교에 불과했던 것이 1952년에 41개 교, 1960년에 63개 교로 늘었고, 학생 수도 3만 명에서 10만 명 가까이로 증가하였다.

정리하면, 1960년 현재 10대 중반의 평균적인 국민은 거의 대부분 초등교육을 이수했고, 그중 34% 정도가 중등교육을 이수하였다. 물론 이런 특징은 시간이 흐름에 따라 더욱 개선되어 갔는데, 이것은 국제적으로 비교해보더라도 매우 양호하였다.

이렇게 교육 분야에서 일어난 혁명적인 변화는 1950년대의 재건은 물론 1960년대 이후 본격적으로 추진된 경제개발의 중요한 기반이 되었다.

사회간접자본의 확충

사회간접자본은 공업화와 경제발전의 선제조건으로서 매우 중요한 의미가 있다. 해방과 남북분단은 우리의 사회간접자본 생산능력을 급격히 위축시켰다. 일제강점기에 전원電源 개발은 자원과 수량이 풍부한 북한 지역에서 대부분 이루어졌고, 그나마 남아 있던 시설도 원료 부족 때문에 제대로 가동되지 못했다. 이런 이유 때문에 해방 이후에도 남한 전력 소비량의 절반 정도는 북한의 송전에 의존하였다. 때문에 5·10선거에 대한 반발로 1948년 5월 14일에 북한이 송전을 중단한 것은 우리 경제에 커다란 충격이었다. 이런 상황에서 전력과 교통시설의 부족을 완화할 수 있는 방법은 새로운 시설을 건설하는 것이나, 이는 재원 부족으로 여의치 않았다. 게다가 6·25전쟁은 상황을 더욱 악화시켜 새로운 설비가 건설되기도 전에 기존에 남아 있던 시설마저 파괴되어버렸다. 1948년에 7만 9천kW였던 발전량은 전쟁 이후 급격히 감소하여 1950년에는 4만 8천kW, 1951년에는 당시 최저 수준인 3만 8천kW까지 줄어들었다.

전원 개발은 경제부흥을 위해 시급히 해결해야 하는 과제였다. 이런 시도는 정부 수립 직후부터 나타났는데, 이에 '5개년 발전계획'이 1949년에 수립되었다. 이 계획에 따르면 향후 5개년간 신규로 27만 6천kW의 전원을 개발하고자 하였으나, 이는 전쟁으로 실천되지 못했다. 전쟁 이후에는 전력에 대한 수급 불균형이 더욱 확대되어 기존 시설의 복구는 물론 새로운 전원을 개발할 필요성이 강하게 요구되었다. 이에 정부는 1953년 말

1955년 문경선 개통 장면. 원조자금을 이용한 사회간접자본의 재건이 꾸준히 진행되었다.

에 원조자금을 활용하여 전력 설비를 건설할 계획을 수립하여 강력하게 추진하였다. 초기에는 수력발전에 중점을 둔 전원 개발을 기획했으나, 건설기간이 짧아 당장의 전력난 해소에 기여할 수 있다는 점에 더해 건설비용이 적게 드는 이점 때문에 화력발전소 건설이 활발하게 이루어졌다. 이 결과 1957년 9월 말 현재 설비 용량은 37만 9천kW에 이르렀고, 발전 실적은 14만 9천kW를 기록하였다. 이는 1951년과 비교해볼 때 무려 4배 정도 증가한 수치이다.

석탄은 발전용, 산업용, 철도 운송용 연료로서 매우 중요한 역할을 수행하였다. 그럼에도 불구하고 석탄에 대한 국내 수요는 국내 생산을 통해 해결되지 못해 수입에 의존하고 있었다. 물론 석탄 생산이 증가함에 따라 석탄 수입 비율은 1947년 60%에서 1949년 37%로 감소했지만, 전쟁은 이런 추세를 다시 역전시켰다. 1951년에 전체 소비량에서 수입량이 차지하는 비율은 82%로 급증하였다. 게다가 전후 재건이 본격적으로 추진되면 석탄에 대한 수요는 더욱 확대될 것으로 예상되어 석탄 증산은 시급히 해결해야 하는 과제였다. 이에 정부는 휴전이 성립되자마자 UNKRA와 석탄개발협정을 체결하여 광산 시설을 근대화하고 각종 기자재를 도입하는 등 석탄 생산에 매진하였다. 이 결과 1951년 16만 2천 톤에 불과했던 석탄 생산량은 1953년에 86만 7천 톤, 1956년에는 181만 5천 톤으로 빠르게 증가하였다.

이상과 같이 사회간접자본은 원조와 정부의 관심 및 지원 속에서 전후 빠르게 재건·확충되었다. 그렇다고 이것이 당시 국내 수요를 완전히 충족시켜준 것은 아니었다. 전후 산업이 성장함에 따라 전력과 석탄에 대한 수요도 같이 증가하여 수급 불균형은 1950년대 후반에도 해소되지 않았지만, 이를 통해 우리 경제는 산업 성장을 방해하는 요인을 제거해나갈 수 있었다.

04

제조업의 성장

제조업 성장 기반

1950년대에도 제1차 산업은 국민경제에서 여진히 높은 비중을 차지했지만, 이 기간 동안 제2차 산업은 빠르게 성장하였다. 1953년 제1차 산업과 제2차 산업의 비중은 각각 47%와 12%였으나, 1960년에는 각각 37%와 19%로 그 격차가 줄어들었다. 제2차 산업 성장을 주도한 제조업의 연평균 성장률은 13.6%였다.[44] 이런 추세는 제조업에 종사하는 공장 통계를 통해서도 확인할 수 있다. 1949년에 4,880개였던 5인 이상의 종업원을 고용한 공장 수는 1955년에는 8,628개, 1960년에는 1만 5,204개로 10여 년 사이 3배 이상 증가했다. 이와 같이 이 기간 동안 제조업이 빠르게 성장할 수 있었던 것은 정부가 제조업이 성장하기에 좋은 제도와 정책을 시행하였기 때문이었다.

이 시기 정부의 정책은 농업 육성보다 제조업 재건 및 건설에 초점을 맞추고 있었다. 이것은 자립적인 경제 기반을 확립하기 위해서는 공업의 육성이 필요하다는 당시의 인식에 더해 농업 부분의 이익을 대변할 수 있는 주체가 존재하지 않았기 때문이다. 제2장에서 지적했듯이, 정부 수립 직후에 정부는 농지개혁법을 제정하여 지주제를 사실상 해체하고 농민적 토지 소유로 재편하였다. 정치·경제적으로 사회에 강력한 영향력을 행사했던 지주계급이 농지개혁을 통해 소멸되었기에 정부는 이들의 저항을 받지 않고 사회의 비용을 농업에 전가하거나 공업에 유리한 정책들을 채택할 수 있었다.

사회의 비용을 농업에 떠넘긴 대표적인 사례는 인플레이션을 유발하지 않으면서 전쟁 비용을 조달할 목적으로 도입한 임시토지수득세이다. 분명 임시토지수득세는 농업에 불리한 조세임에도 불구하고, 국회 심의 과정에서 이 법을 강력하게 반대하는 주장은 제기되지 않았다. 게다가 1955년 3월 한미 간에 '잉여농산물도입협정'을 체결하여 미국의 잉여농산물을 본격적으로 도입한 것도 사회적 비용을 농업에 전가한 대표적 사례라고 할 수 있다. 이 시기 농가 경제가 적자를 보였고 그 규모가 계속 확대된 것은 정부가 농업에 불리한 정책을 채택한 결과였다.

정부는 농업과 달리, 공업에 대해서는 유리한 정책을 시행하였다. 재정융자로 대출된 자금의 대부분이 제조업에 공급되었다는 사실은 앞에서 지적하였다. 이것 이외에도 무역·외환정책이 제조업에 유리하게 수립되었다. 이승만 정부는 저환율정책을 일관되게 채택했는데, 이것은 제조업 성장에 유리한 인센티브를 제공하는 것이었다. 가령 원조자금이나 정부 보유 외환을 통해 도입된 자재나 원료를 민간기업에 낮은 가격에 판매하면, 그만큼 생산비가 줄어드는 효과가 있어 기업은 판매 수입을 더 크게 늘릴 수 있게 된다. 저환율정책하에서는 기업이 정부로부터 더 많은 외환을 구입하여 설비와 원료를 구입한 다음 생산을 늘리는 것이 이윤을 극대화할 수 있는 중요한 전략이 되는 것이다. 물론 저환율정책에 따른 이익은 국내시장이 보호되있을 때 최대한 실현될 수 있다. 따라서 이승만 정부는 국내 기업의 성장을 위해 저환율정책과 함께 국내시장을 보호하는 정책을 채택하였다.

1954년 11월 개정된 헌법은 제조업이 성장할 수 있는 제도적 기반을 제공하였다. 제헌헌법이나 1952년 개정 헌법은 자연

저환율정책

저환율이란 정부가 개입하지 않은 상태의 외환시장에서 외환에 대한 수요와 공급에 의해 결정되는 시장 환율보다 낮은 수준을 의미한다. 따라서 저환율정책이란 정부가 인위적으로 외환시장에 개입하여 시장환율보다 낮은 수준의 환율을 결정하여 시행하는 것을 말한다.

력이나 중요 기업의 국유를 명시하여, 대부분의 대규모 기업이 정부 소유로 운영되고 있었다. 그런데 1954년 개정된 헌법에서는 그러한 규정을 삭제하여 대규모 귀속기업체가 민간에 매각될 수 있는 여건이 마련되었다.[45] 귀속기업체는 귀속재산처리법이 제정되기 이전부터 매각되기 시작했는데, 초기에는 주로 소규모 기업체가 매각되었다. 전쟁 중에도 정부는 재정 수입의 필요성 때문에 많은 귀속기업체를 매각했지만, 여전히 작은 규모의 귀속기업체만이 매각되었다. 그러나 1954년 헌법 개정을 계기로 정부는 대규모 귀속기업체를 본격적으로 매각하기 시작하였다. 이것은 1948~1958년간의 귀속기업체 매각 실적

1954년 11월 제2차 헌법 개정을 논의하는 국회 모습. 이 개정을 통해 대규모 귀속기업체를 판매할 수 있게 되어 경제는 더욱 자유주의 시장경제로 나아갔다.

을 1955년 이전과 이후로 구분하여 살펴보면 쉽게 알 수 있다. 건수 기준으로 보면 1954년까지의 비율은 88%였고, 그 이후는 12%를 차지하였다. 그러나 금액 기준으로 보면 1955년 이전의 비율은 26%에 불과했지만 그 이후는 74%를 차지하여 대규모 귀속기업체의 대부분은 1955년 이후에 처분되었음을 알 수 있다. 이것은 정부 영역의 급격한 감소이자 민간 영역의 급격한 확대를 의미하는 것이다.

소비재산업의 성장

제조업은 경공업과 중화학공업으로 나눌 수 있다. 그림 2를 통해 확인할 수 있듯이, 1950년대에는 국민들이 일상생활에서 직접 소비하는 생활필수품을 생산하는 경공업이 크게 발달하였다. 1953년 제조업 전체에서 경공업이 차지하는 비율은 84%였는데, 이 추세는 1950년대 후반까지도 크게 변하지 않아, 1958년의 경공업 비율은 83%였다. 물론 그 이후에는 경공업의 비율이 약간 감소하여 1960년 79%로 줄어들었다. 하지만 그렇다고 해서 중화학공업으로 분류된 공업이 모두 다른 산업이나 기업에서 소비하는 자본재나 중간재를 생산한다는 것을 의미하지는 않는다. 가령 기계제조업에는 낫이나 괭이와 같은 농기구를 생산하는 기업이 포함되었고, 수송용 기계공업에는 자전거 생산기업 등이 포함되어 있었다. 따라서 전체적으로 볼 때 생산재의 성격을 갖는 제품을 생산하는 공업보다 소비재의 성격을 갖는 제품을 생산하는 공업이 압도적으로 많았다.

이 시기에 소비재산업이 크게 발달한 것은, 앞에서 지적한 바와 같이, 원조물자가 소비재산업의 운영에 직접 이용되는 원료와 반제품으로 도입되었기 때문이다.[46] 섬유공업과 식료품공업은 소비재산업 중에서도 비중이 가장 크고 빠르게 성장한 산업이었다. 이 두 공업의 생산액을 합한 금액이 제조업 전체에서 차지하는 비중은 1953년 67%, 1957년 69%, 1960년 64%였다.

면방직공업은 대표적인 소비재산업 중 하나이다. 이 공업의 성장과정을 살펴보는 것은 이 시기 대기업의 자본 축적구조의 특징을 이해하는 데 도움이 된다. 6·25전쟁 직전 면방직 기업은 방기紡機 29만 2,072추와 직기 7,818대를 보유했으나 전쟁으

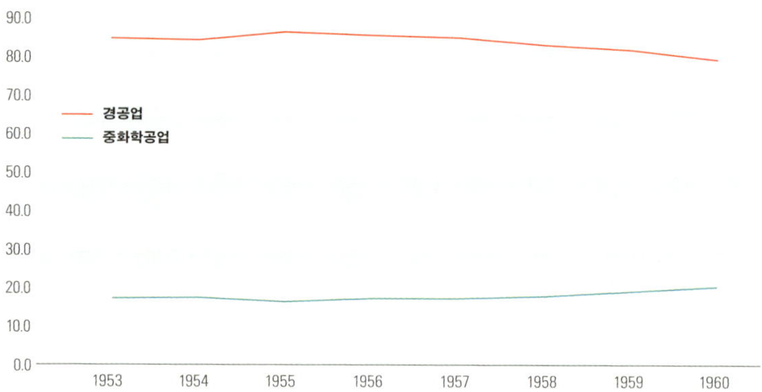

출처: 한국은행(1968), 82~85쪽. (생산액 기준, 단위: %)

그림 2 1950년대의 공업구조

로 각각 66%와 65%의 시설이 파괴되어, 보유시설 규모는 방기 9만 6,992추, 직기 2,716대로 축소되었다. 그러나 면방직 기업은 전쟁 이후 정부자금의 지원을 받아 방적·방직 설비를 빠르게 복구하여 1950년대 중반이 되면 전쟁 직전 수준을 능가하게 되었다. 면방직 설비의 복구와 신설이 이루어진 다음에는 설비 운영에 필요한 원료인 원면이 원소자금으로 내량 도입되었고, 정부는 국내 면방직공업 육성을 위해 생산 가능한 면제품에 대한 수입금지 조치를 취하여 국내시장을 보호하였다. 이 시기 면방직공업이 빠르게 성장할 수 있었던 데는 이와 같이 정부와 원소자금의 지원이 매우 중요하였다.[47]

그러나 1950년대 후반이 되자 면방직공업은 국내시장의 제약이라는 한계에 부딪혀 판매를 제대로 할 수 없었다. 원조 원면을 사용하여 생산한 면제품의 수출은 미국의 승인을 받아야 했기 때문에 기업의 노력만으로 해결될 수 있는 문제는 아니었다. 그러나 판매 애로에 직면한 면방직 기업은 이때부터 해외시장 진출을 적극 모색하기 시작했고, 이것은 면방직공업이 1960년대 수출산업으로 성장한 중요한 토대가 되었다.

기간산업의 건설

이승만 정부가 기간산업을 적극 건설하려고 했던 이유는 자립경제의 기반을 확립하기 위해서였다. 위에서 지적한 바와 같이,

1950년대의 공업구조는 소비재산업 중심으로 발달했기 때문에 생산재에 대한 수요를 국내 생산만으로 충당할 수는 없었다. 원조가 제공되는 기간에는 이를 원조자금을 사용하여 수입할 수 있지만, 원조가 중단될 경우에는 정부가 보유한 외환으로 수입해야 했다. 게다가 전후 재건과정에서 이들 생산재에 대한 수요는 빠르게 증가해서, 원조가 중단될 경우 국제수지 문제는 우리 경제의 지속 발전을 제약할 수도 있었다. 이에 정부는 원조자금을 사용하여 이들 산업을 건설하고자 했다. 그러나, 앞에서 살펴본 바와 같이, 원조물자가 주로 소비재와 소비재산업 운영에 필요한 원료와 반제품으로 도입되어 이승만 정부의 기간산업 건설 구상은 제한적으로만 실현되었다.

이 시기에 건설된 기간산업 중에서 가장 대표적인 것은 비료공장, 시멘트공장과 판유리공장이다. 이들은 전쟁 이전부터 수요에 비해 국내 생산이 부족했으며, 전후 복구사업이 추진되면서 그 수요가 빠르게 증대될 것이라고 예상되는 산업이었다. 이들 산업 중에서 시멘트와 판유리공장의 건설은 순조롭게 진행되었지만, 비료공장 건설은 정부의 의도와 달리 계속 지연되는 어려움을 겪었다.

6·25전쟁 이전 국내에는 3곳의 화학비료공장이 존재하였다. 그러나 이들 공장은 6·25전쟁을 통해 심각하게 파괴되어 연간 비료 생산량은 3,800톤에 불과했는데, 이것은 당시 연간 비료

수요량 40만 내지 50만 톤에 비해 턱없이 부족한 것이었다. 쌀을 증산하여 자급은 물론 해외 수출까지 고려했던 상황에서 비료 부족은 커다란 문제였다. 이에 주한 원조기구는 원조물자로서 비료를 도입하여 이 문제에 대응했지만,[48] 우리 정부는 여기에 만족하지 않고 비료공장을 건설하여 비료를 공급하는 체제를 갖추고자 하였다. 정부의 노력 끝에 1954년 주한 원조기구는 원조자금을 배정하여 8만 5천 톤 규모의 요소비료공장을 충주에 건설하기로 합의하였다. 초기에는 이를 1955년 9월 착공하여 1958년 4월에 완공하기로 계획하였다. 그러나 공장 건설은 계속 지연되어 1959년 10월 시운선 단계에 들어갔고, 공장이 완공되어 본격적인 생산이 가능해진 것은 1961년 4월이었다.

시멘트와 판유리도 전후 재건과정에서 그 수요가 빠르게 확

1955년 11월 열린 문경 시멘트공장 기공식

대되고 있었지만, 국내 생산이 미미하거나 전무한 공업이었다. 시멘트를 생산하는 기업은 동양시멘트귀속기업체 오노다시멘트 삼척 공장을 불하받아 설립가 일찍부터 존재했지만, 연간 생산량이 8만 4천 톤에 불과하여 국내 소비량의 절반 이상은 수입에 의존하였다. 정부는 전후 재건과정에서 확대되는 수요에 대응하기 위해 원조자금을 배정받아 시멘트공장을 건설하기로 결정하였다. UNKRA 자금의 지원을 받은 시멘트공장은 1955년 11월 경상북도 문경에 연산 20만 톤 규모로 착공되어 1957년 9월 완공되었다. 그렇지만 이 공장이 완공된 이후에도 시멘트에 대한 수요는 생산능력을 초과하여 국내 생산이 수입을 완전히 대체하지는 못했다.

전쟁으로 파괴된 주택이나 건물을 재건·건설하는 과정에서 판유리에 대한 수요 또한 크게 증가하였다. 그러나 국내에는 판유리를 생산하는 공장이 전무하여 전량 수입에 의존하는 실정이었다. 정부는 판유리에 대한 수요 증대에 어느 정도 대응하기 위해 원조자금을 이용하여 판유리공장을 건설하기로 결정하였다. 1956년 2월 연간 생산량 12만 상자 규모로 인천에 착공된 이 공장은 1957년 9월에 준공되었다.

이상과 같이 이 시기의 기간산업 건설에는 원조자금이 이용되었기 때문에 정부의 계획대로 모든 공장이 건설되지는 않았다. 다만 비료, 시멘트, 판유리와 같이 제한된 분야에서 성과를 거두었을 뿐이다. 게다가 그 규모도 국내 수요를 완전히 대체할 정도는 아니어서, 공장이 가동되었어도 수입은 계속 이루어졌다. 원조가 감소하는 상황에서 무역수지 적자는 우리 경제에 커다란 문제를 일으켰기 때문에 본격적인 기간산업 건설이 요구되었다. 그러나 원조 의존적이었던 이승만 정부는 이 문제를 해결할 수 없었고, 이는 본격적으로 경제개발을 추진했던 박성희 정부의 과제로 넘겨졌다.

고도 경제성장, 지속가능한 경제구조의 확립

우리 경제는 1960년대 초부터 본격적으로 성장하기 시작하였다. 이 시기에 급속한 경제성장이 가능했던 데는 세 가지 요인이 중요하였다. 우선, 1950년대 후반에 사회 전체적으로 개발의지가 널리 확산된 것이 중요하였다. 다음으로, 그러한 개발의지를 한데 모아 경제성장으로 구현해낼 수 있는 개발체제를 확립한 것이 중요하였다. 마지막으로, 경제성장 목표를 달성하는 데 효과적인 개발전략을 채택한 것이 중요하였다. 박정희 정부는 수출을 통제변수로 삼아 경제성장 목표를 달성하고자 했으며, 이것은 매우 효과적인 전략이었다.

우리 경제는 1960년대 초부터 본격적으로 성장하기 시작하였다. 제1차 계획기1962~1966년에는 7.8%, 제2차 계획기1967~1971년에는 9.7%, 제3차 계획기1972~1976년에는 10.1%의 경제성장률을 기록했으며 1962~1979년간의 연평균 성장률은 9%였다. 제4장에서 살펴본 바와 같이, 성장에 필요한 주요 선행조건들은 해방 이후, 전후 재건과정에서 형성되었지만 고도 경제성장은 1960년대 이후 박정희 정부하에서 나타났다.

이 시기에 급속한 경제성장이 가능했던 데는 세 가지 요인이 중요하였다. 우선, 1950년대 후반에 사회 전체적으로 개발의지가 널리 확산된 것이 중요하였다. 국민과 기업들이 '현재 상태를 개선하고자 하는 의지'를 강하게 가졌기에 정부 정책의 변화효과가 크게 나타날 수 있었다. 다음으로, 그러한 개발의지를 한데 모아 경제성장으로 구현해낼 수 있는 개발체제를 확립하는 것이 중요하였다. 마지막으로, 경제성장 목표를 달성하는 데 효과적인 개발전략을 채택한 것이 중요하였다. 박정희 정부는 수출을 주축으로 삼아 경제성장 목표를 달성하고자 했으며, 이것은 매우 효과적인 전략이었다.

이 장에서는 이상의 고도 경제성장의 요인을 구체적으로 살펴볼 것이다.

01

재건에서 개발로

변화의 요인들

1950년대에는 경제개발, 경제성장이나 발전이라는 용어보다 경제재건이나 부흥이란 용어를 더 많이 사용하였다. 이 시기에는 개발이라는 용어 자체가 낯설기도 했지만,[49] 해방과 남북분단, 그리고 6·25전쟁과 같은 외부 충격으로 산업시설이 심각하게 파괴된 물적 기반에서 출발했기 때문에 경제를 이전 수준으로 회복시킨다는 의미의 경제재건reconstruction이라는 용어가 더 널리 사용되었던 것이다. 따라서 경제의 지향하는 바가 재건에서 개발로 바뀌기 위해서는 경제 여건의 변화는 물론 대내외 환경 변화가 동반되어야 한다.

당연한 얘기지만, 6·25전쟁 이후의 재건은 전쟁 전에 도달했던 최고 수준인 1949년의 생산 수준을 회복하는 것이었다. 제4장에서 살펴본 바와 같이, 이승만 정부는 원조를 물적 기반으로 하여 전후 재건에 매진한 결과 소비재산업과 일부 기간산업, 그리고 사회간접자본의 복구·확충에서 상당한 성과를 거두었다. 1956년 후반이 되면 우리 정부와 주한 원조기구 대표들은 주택 부문을 제외한 거의 모든 경제 부문에서 전후 재건의 목표로 삼았던 전전戰前 수준에 도달했음을 공식 확인하였다. 전후 재건이 마무리되었으니 사회와 정부는 새로운 변화를 모색할 필요가 있었다.

두 가지 대외환경 변화가 우리 경제에 중요한 영향을 미쳤다. 첫째, 일본이 고도성장에 성공하였다. 제2차 세계대전의 폐허로부터 재건된 일본경제는 6·25전쟁 특수特需를 계기로 빠르게 성장하여 1950년대 중반 이후에는 본격적인 고도성장의 길로 나아갔다. 이것은 이웃한 우리에게 경제개발의 필요성을 일깨워준 중요한 자극제가 되었다.

둘째, 미국의 원조정책이 변화하였다. 원조는 전후 재건 자원으로 중요하게 활용되었지만, 한계도 분명하였다. 무엇보다도 중요한 것은 원조의 규모를 결정하거나 그 지속 여부를 결정하는 데 있어 우리 정부는 영향력을 거의 행사할 수 없었다는 점이다. 원조가 미국의 재정자금에서 조성되었기 때문에 원조 규모와 지속 여부를 결정하려면 미국 국민과 국회의 동의를 얻어야 했고, 따라서 원조는 한국의 경제상황보다 미국의 대외정책이나 경제상황에 더 많은 영향을 받아 결정되었다. 다시 말하면, 원조는 장기 지속적으로 공급되는 재원이 아니라, 미국 국내 상황의 변화에 따라 언제든지 중단될 수 있는 재원이었다. 1957년부터 미국은 무상 원조를 줄이고, 대신 유상 차관을 늘려 후발국의 경제개발을 장려하는 방식으로 대외정책을 변경하였다. 이것은 일본의 경제성장과 함께 경제개발에 대한 관심을 높이는 데 중요한 계기가 되었다.

국내에서 경제개발에 대한 관심이 확산되었다는 증거는 여러 사례를 통해 확인할 수 있다. 우선 이 시기를 전후하여 서구에서 1940년대부터 이미 유행하기 시작한 후진국 경제개발론이 국내에 번역·소개되기 시작하였다. 예를 들어 공업 발전과 함께 공산품의 국내시장을 제공해주는 농업 발전이 동시에 이루어져야 한다고 주장한 넉시R. Nurkse의 책이 1957년에, 사회적 문제를 포함하여 경제개발계획을 입안하기 위한 방법을 서술한 루이스W. Lewis나 틴버겐J. Tinbergen의 책이 1958년에, 후발국의 공업화를 위해서는 경제적 민족주의 정책이 필요하다고 주장한 미르달G. Myrdal의 책이 1960년에 각각 번역·소개되었다. 물론 경제개발론에 관한 책만이 소개된 것은 아니었다. 1950년대 후반 들어 당시 신문에서는 경제개발에 관한 기사를 자주 다루었다. 후대의 연구자가 이 시기의 신문 기사를 읽고 경제개발전략을 유형화할 수 있을 정도로, 경제개발은 신문의 단골 주제였다. 더욱이 몇몇 대학에서는 후발국 경제개발과 경제개발계획

을 주제로 한 강좌가 개설되기도 하였다.[50]

이런 과정을 거치며 국민들의 '경제하고자 하는 의지'는 점점 확산되어갔다. 경제하고자 하는 의지가 충만한 사람들의 수가 많은 것이 적은 것보다 경제개발에 훨씬 유리하다는 점을 고려할 때, 1950년대 후반의 이런 변화는 1960년대 경제성장의 정신적 기반을 형성하는 데 크게 기여하였던 것이다.

경제개발 3개년계획

경제개발은 정부 내에서도 중요한 문제였다. 우선 사회의 요구를 수용해야 할 필요성도 있었지만, 원조가 감소하는 것은 원조에 의존하여 운영되던 경제에 위기를 초래하는 것이어서 이에 대응해야 할 필요성 또한 제기되었다. 1957년에는 1950년대 최고 수준인 8.8%의 경제성장률을 기록했으나, 원조가 감소하면서 경제성장률도 떨어져 1958년에는 5.5%, 1960년에는 2.3%를 기록하였다.[51] 이런 상황에서 정부는 원조 없이도 스스

경제하고자 하는 의지

경제하고자 하는 의지(willing to economize)란 자신의 현재 상태에 만족하지 않고 그 상태를 개선하고자 하는 욕구가 강한 마음가짐을 의미한다. 따라서 경제하고자 하는 의지가 강한 사람은 스스로 동기부여가 되어 있어 정부의 정책 변화에 가장 민감하게 반응하게 된다. 한 사회에 이런 사람들이 많을수록 경제개발의 성과는 기대 이상으로 커질 수 있다.

로 재생산하거나 지속 성장할 수 있는self-sustaining 경제체제를 확립해야 할 필요성을 깨달았고, 이를 위해 장기 경제개발계획을 수립하고자 하였다.

초기에는 정부 내의 일부 관료들이 이를 주도했는데, 이들의 중심은 경제계획의 수립을 관장한 부흥부 소속의 경제 관료들이었다. 이들은 이전에도 경제부흥계획을 수립한 경험을 갖고 있었지만, 1950년대 후반의 환경 변화는 이전과는 다른 경제계획의 작성을 요구하였다. 우선 이전에는 경제 전체의 나아갈 방향이나 목표를 명시적으로 제시하지 않은 채 경제 부문별 계획을 단순히 나열하는 방식으로 경제계획이 작성되었다. 그러나 경제개발을 목표로 삼으면, 총량 목표는 물론 그러한 목표를 달성하기 위한 거시 경제정책과 부문별 계획 등이 전체적으로 일관성 있게 조정되어야 한다. 즉, 총량 계획, 부문별 계획과 투자계획이 동시에 고려되는 종합계획이 작성되어야 하는데, 이것은 경제개발에 관한 교육과 훈련을 받은 경제 관료가 존재해야 가능한 일이다. 1950년대 후반의 부흥부에는 이런 조건을 갖춘 관료들이 다수 존재하였다. 1957년 6월 부흥부 장관으로 취임한 송인상宋仁相은 장관 부임 직전에 후진국 개발에 관한 일반이론과 구체적인 정책은 물론 각국의 경제개발계획 수립과 집행 경험 및 정책수단을 비교 연구하는 세계은행 부속기관 경제개발연구원Economic Development Institute에서 6개월간 연수를 받았다.

또한 차균희車均禧 차관, 이기홍李起鴻 기획국장은 미국 대학원에서 경제학을 공부하였다. 이들은 이러한 경험을 통하여 경제개발 이론과 경제개발계획의 수립에 대해 상당한 지식을 보유하고 있었다.[52]

'경제개발' 3개년계획은 정부 내에서 이루어진 노력의 성과였다. 이 계획은 1958년 5월 본격적으로 작업에 들어가 1년 8개월여의 시간이 지난 1959년 12월 완성되었다. 최초의 종합계획이다 보니, 우선 현재 우리 경제의 상태와 문제점을 파악할 필요가 있어 통계 수집과 정비에 많은 시간이 소요되었다. 이 계획은 전후에 수립된 경제계획과 달리 정부 부처 내가 아닌 산업개발위원회에서 작성되었는데, 이 위원회는 대통령령으로 제정된 '산업개발위원회규정'1958년 3월에 근거하여 설치되었다. 1958년 9월 현재 산업개발위원회에는 위원 5명, 보좌위원 13명, 고문 22명이 활동하였는데, 이들은 주로 부흥부 관료와 연계되어 활동하였다. 이 계획은 대통령 주도하에 범정부적 차원

경제개발 3개년계획

이 계획은 7개년계획의 전반부에 해당하는 것으로, 우선 3개년계획으로 작성되었다(부흥부, 1960, 12쪽). 또한 이 계획은 '경제개발' 계획이란 이름으로 발표된 최초의 계획이었는데, 정부의 관심이 부흥이 아니라 개발로 전환되었다는 것을 상징적으로 보여준다. 그 이전에 작성된 계획은 경제부흥계획 혹은 경제재건계획이라고 불렸다.

경제개발 3개년계획을 주도한 부흥부의 각국 과장회의 장면

에서 수립된 것이 아니라, 경제개발의 필요성을 강하게 인정하고 있던 부흥부 내 일부 관료를 중심으로 작성되었다.

이렇게 작성된 경제개발 3개년계획1960~1962의 특징은 두 가지이다. 첫째, 이 계획은 종합계획이어서 국민경제가 달성해야 하는 목표 성장률을 상정하였다. 구체적으로는 우리 경제의 과거 성장 추세를 고려하여 연평균 5.2%의 성장률을 목표로 제시하였다. 둘째, 균형성장이론에 입각하여 개발전략을 수립하였다. 우선 국내 수요가 매우 큰데도 국내 생산이 부족하거나 전무한 시멘트, 비료, 철강, 소다회, 펄프 등을 생산하는 중화학공업 공장을 적극 건설하려고 하였다. 이것은 원조의 감소로 더 이상 원조자금을 이용하여 이들 제품을 수입할 수 없을 것으로 보여 국내 생산을 통해 수입을 대체하려 한 것이었다. 그러나 경공업의 성장 패턴은 중화학공업과 달랐다. 이 계획에서는 농업 개발을 통한 국내시장의 확대를 적극 계획하였고, 그러한 시장 기반 위에서 경공업이 성장할 것을 기대하였다.

이 계획은 부흥부 주도로 작성된 한계를 가졌고, 1960년 4월에 국무회의에 상정되었지만 곧이어 발생한 4·19혁명으로 국무회의에서 제대로 논의되지도 못하였다. 하지만 그렇다고 해서 이 계획이 갖는 의의를 과소평가해서는 안 된다. 우리 정부는 최초의 종합계획인 경제개발 3개년계획을 수립하는 과정에서 우리 경제의 실태와 문제점을 발견했고, 그러한 문제점을 해결하려는 경제개발전략을 고안해내기도 하였다. 더욱이 경제 실태를 파악하기 위해 다양한 자료를 수집하고 통계를 정비하는 등 경제개발계획을 수립하는 데 필요한 값진 경험을 축적할 수 있었고, 이것은 1960년대의 개발체제를 확립하는 데 중요한 밑거름이 되었다.

수출에 대한 인식 변화

이승만 정부는 정부 수립 직후부터 수출의 필요성을 줄곧 강조하였다. 1948년 8월부터 1956년 2월 말까지 발표한 대통령 담화 중에서 경제에 관한 것은 총 113건이었고, 그중 무역에 관한 것은 26건, 수출에 관한 것은 15건이었다. 이때에는 국내 소비를 충족하고 남은 물자의 수출, 즉 '잉여수출'을 강조했지만, 외환이 부족한 한국경제에서 수출이 중요하다는 것 정도는 정부도 이해하고 있었다.[53] 물론 '국민경제에서 담당해야 하는 수출의 역할'이 원조에 의해 대체된 이 기간에는 수출을 적극적으로 장려하려는 내적 유인이 강하게 작용하지는 않았다.

1950년대 후반에 수출은 우리 경제에서 중요한 정책변수로 등장하였다. 여기에는 두 가지 요인이 매우 중요하였다. 하나는 미국 원조정책의 변화이다. 우리 수입 재원의 73%를 차지한 원조의 감소는 국내 생산활동에 부정적인 영향을 주었다. 위에서 지적한 바와 같이, 원조가 감소하기 시작한 1950년대 후반부터 경제성장률은 떨어지기 시작하였다. 경제가 다시 활력을 찾기 위해서는 생산활동에 필요한 자본재, 원자재와 중간재의 수입이 원활하게 이루어져야 하지만, 이것은 원조를 대체할 새로운 외환 공급원이 확보될 때에야 가능한 것이었다.

다른 하나는 국내 산업기반의 변화이다. 앞에서 지적한 바와 같이, 면방직업과 같은 업종은 전후 재건 과정에서 빠르게 성장했고, 이들은 국내시장의 제약 때문에 해외시장을 적극 모색하고 있었다. 이런 상황에서 수출은 상기한 두 문제를 동시에 해결해줄 수 있는 강력한 수단으로 인식되었고, 이때부터 정부는 수출을 증대시키려 적극적으로 노력하기 시작하였다.

1956년 12월 상공부가 수립한 5개년 수출계획안1957~1961은 정부의 수출 증대 의지가 구체적으로 표현된, 당시 수출 실적을 고려할 때 매우 의욕적인 수출계획안이었다. 더 구체적으로 말하면, 수출액 목표를 1차년도인 1957년에는 3,800만 달러로, 목표연도인 1961년에는 1억 200만 달러로 계획하여, 계획기간 동안의 연평균 수출 성장률을 무려 28%로 책정하였다. 이와 같이 수출 성장률을 높게 책정한 것은 원조 감소를 대신할 수입 재원 마련이 절실했기 때문이었다. 이 계획에서 발표한 내용에 따르면, 상공부는 수출을 빠르게 증가시켜 원조에 의한 수입 비율을 1957년 78%에서 1961년 22%로 줄이고자 계획하였다.[54]

경제개발 3개년계획에서도 수출 증대를 강조한 것은 마찬가지였다. 이 계획에 포함된 수출계획을 보면, 목표연도인 1962년의 수출액을 6,400만 달러로 책정하여 1,700만 달러의 실적을 거둔 기준연도1958년에 비해 수출이 무려 3.6배 증가하도록 계획하였다. 이 기간 동안의 연평균 수출 성장률은 39%로, 상공부의 수출계획안보다도 훨씬 높은 수출 성장률을 계획하였다.

더욱 주목되는 것은 이와 때를 같이하여 수출지원정책에서도 조금씩 변화가 진행되었다는 점이다. 5개년 수출계획안과 함께 상공부가 발표한 수출진흥정책에는 이전에는 볼 수 없었던 진흥책이 많이 포함되었다. 가령 수출품을 제조하기 위해 수입하는 원자재에 대한 관세 면제, 수출을 통해 획득한 외화로 도입하는 원자재·자본재에 대한 관세 면제, 특정상품 시장을 새롭게 개척한 사람에 대해 1년 동안 해당지역 독점 수출권 부여 등의 정책이 포함되었다. 물론 이것이 곧바로 시행된 것은 아니지만, 이때부터 수출이 우리 경제에서 중요한 정책변수로 등장하였던 것은 분명하다.

02

경제개발체제의 확립

발전국가의 등장, 경제기획원의 설립

박정희 정부[55]의 등장은 경제개발의 역사에서 매우 중요한 의미를 갖는다. 1950년대 후반부터 경제개발에 대한 관심이 고조되고 사회에서 변화를 적극 요구했지만, 1950년대의 이승만 정부와 뒤이은 민주당 정부에서는 그러한 열망을 정부 차원에서 적극 수용하지 못했다. 이승만 정부의 경우 국민의 기대에서 벗어나 정권 연장에 몰두하고 있었고, 민주당 정부는 '경제제일주의'를 표방하여 방향은 맞게 설정하였으나 그것을 실현시키지는 못했다. 그러나 박정희 정부는 사회의 요구를 받아들여 경제개발을 중시하고 그것을 달성하려고 노력했다는 점에서, 이전 정부와 구분되는 정치적 리더십을 보여줬다.

통상 발전국가developmental state는 경제성장을 국가의 최우선 목표로 삼고 그것을 강력히 추진할 수 있는 의지와 능력을 갖춘 정부를 의미한다. 이러한 점에서 박정희 정부는 발전국가의 면모를 갖추었다. 우선 박정희 정부는 경제성장을 국가의 최우선 목표로 상정하였다. 위에서 살펴본 바와 같이, 경제개발계획은 1950년대 후반에도 작성되었고 민주당 정부하에서도 작성되었기 때문에 계획 수립 그 자체는 새로운 것이 아니다. 그렇지만 박정희 정부하에서 수립된 제1차 경제개발계획은 이전 계획과 분명한 차이가 있었다. 무엇보다도 목표 성장률을 높게 책정한 점에서 박정희 정부의 성장 지향성을 확인할 수 있다. 경제개발 3개년계획의 연평균 목표 성장률은 5.2%였는데, 제1차 계획의 그것은 7.1%였다. 여기서 더욱 중요한 것은 제1차 계획의 기준연도인 1960년의 실제 성장률이 2.3%였고, 추세적으로 실제 성장률이 감소하는 상황에서 목표 성장률을 7.1%로 책정하였다는 점이다. 이것은 박정희 정부가 그만큼 성장 지향적이었고, 경제성장을 경제정책의 최우선 순위에 두었음을 의미한다.

더욱이 박정희 정부는 매우 강한 추진의지를 가졌다. 목표 성장률이란 상징적인 의미를 갖는 것이어서, 목표를 세웠다고 저절로 달성되지는 않는다. 정부 목표는 구체적인 계획을 실천해야 이루어진다. 정부의 추진의지를 확인할 수 있는 구체적인 사례는 항을 달리하여 살펴보기로 하고, 여기에서는 정부의 집행력을 제고하는 데 기여한 경제기획원의 설립 의의를 먼저 소개하기로 한다.

5·16 군사쿠데타 직후인 1961년 7월 설치된 경제기획원은 박정희 정부의 지향을 반영하여 경제개발계획을 수립하는 역할을 담당하였다. 특히 제1차 경제개발계획은 외국 전문가의 지원을 받지 않고 우리 정부 내에서 독자적으로 작성되었기 때문에 경제기획원의 역할은 매우 중요하였다.[56] 더욱 중요한 것은, 이렇게 수립된 계획을 확실히 집행하기 위해 정부는 예산 편성권이나 산업 건설에 필요한 외자 배분권을 경제기획원에 부여하였다는 점이다. 따라서 경제계획의 투자사업은 계획에 제시된 우선순위에 따라 경제기획원의 내·외자 배분을 받으며 원활히 집행될 수 있는 체제를 갖추게 되었다.[57] 또한 정부는 경제기획원 장관이 부총리를 겸임하도록 하여 다른 정부 부처와의 정책 조정이 원활히 이루어질 수 있도록 하였다. 이로써 경제기획원은 박정희 정부의 경제개발체제가 원활히 작동하는 데 핵심적인 역할을 할 수 있게 되었다. 즉, 경제기획원은 대통령의 의사를 반영하여 경제계획을 수립하고, 그에 따라 내자와 외자를 배분하고, 아울러 경제계획 실행에 필요한 정책을 결정하고 조정하는 데 중심적인 역할을 담당하여 경제계획의 집행력을 크게 향상시켰다.

박정희 정부와 이전 정부의 차이는 또한 실천력에서 드러난다. 경제개발을 추진하는 과정에서 정부는 대내외적으로 여러 가지 어려움에 직면할 수밖에 없다. 경제성과의 차이는 그러한 어려움을 극복하고 경제계획에서 제시한 목표를 실천하는 과정에서 결정된다. 박정희 정부의 실천의지는 경제기획원 설립과 마찬가지로 다른 사례를 통해서도 분명히 확인할 수 있다.

외자는 왜 필요한가, 한일국교정상화

정부는 두 가지 전략을 통해 제1차 경제계획의 목표 성장률을 달성하고자 하였다. 하나는 농업생산성 향상을 통해 농가 소득을 증대하는 것이고, 다른 하나는 중요 산업의 생산능력을 확대하기 위해 새로운 공장을 건설하는 것이었다. 전자는 농산물 증산을 통해 수출 증대를 도모하고자 하는 의도도 있지만, 더 중요하게는 농가 소득 향상을 통해 국내시장을 확대하여 중소 규모 경공업의 시장 기반을 마련하기 위한 것이었다. 그러나 제1차 계획에서 중시했던 핵심 개발전략은 중요 산업 건설이었다. 정부는 제1차 계획기에 정유, 비료, 종합제철, 시멘트, 조선, 화학섬유, 기계, 디젤 엔진 등의 공장을 건설하고자 하였다.[58] 이들 공업 제품은 국내 수요가 큰 데 반해 생산 시설이 미미하여 수입에 크게 의존했는데, 공장을 세워 이러한 수입을 국내 생산으로 대체하고자 한 것이다.

그런데 문제는 이들 공장 건설에 필요한 재원을 어떻게 조달하느냐였다. 표 9는 제1차 계획기에 투입된 투자자금을 산업별·재원별로 정리한 것이다. 투자자금 총액은 3,215억 원이었

	내자	외자	합계	외자비율(%)
제1차 산업	521.4	33	554.4	6
제2차 산업	617.7	474.5	1,092.20	43.4
제3차 산업	1,186.70	381.2	1,567.90	24.3
총액	2,325.80	888.7	3,214.50	27.6

표 9 산업별 · 재원별 투자자금과 외자 비율(1962~1966년)

출처: 최상오(2010a), 207쪽.
(단위: 1억 원)

는데, 그중에서 발전시설, 철도, 통신시설 건설 등에 해당되는 제3차 산업 건설에 1,568억 원이 배분되었고, 제2차 산업 건설에는 1,092억 원이 배분되었다. 여기서 주목되는 점은 외자가 전체 투자자금에서 차지하는 비중이 28%에 불과했지만, 제2차 산업 투자자금 중에서 외자가 차지하는 비중은 43%였다는 것이다. 이것은 자본 축적이 미약하여 공장 설계, 설비 배치는 물론 공장 운영에 필요한 설비를 외국에서 도입해야 하는 상황을 반영한 것이었다. 이 시기 사회간접자본과 중요 산업의 건설은 외자의 안정적인 도입 여하에 좌우되었다.

정부는 외자를 적극적으로 도입하기 위해 외자 도입에 필요한 제도를 정비하였다. 외자 도입과 관련된 최초의 법률은 1960년 1월 제정된 외자도입촉진법법률 제533호이었는데, 이것은 한국과 우호통상조약을 체결한 국가의 국민, 즉 미국인의 직접 투자만을 대상으로 하였다. 박정희 정부가 출범하면서 여기에 두 가지 커다란 변화가 이루어졌다. 하나는 외자도입 대상 국가를 우호통상조약을 체결한 나라에서 '외교 관계를 맺고 있는 모든 나라'로 확장한 것이다.[59] 다른 하나는 '선의의 외국자본은 그 형태와 액수를 불문하고 허용'하기로 결정하여 외국인 직접 투자는 물론 차관도 도입할 수 있는 제도를 마련한 것이다. 정부는 여기서 더 나아가 민간기업이 외국인 직접투자는 물론 차관을 도입할 때 발생할 수 있는 채무불이행의 위험을 제거하여 민간기업의 외자도입을 촉진하기 위해, 필요한 경우 정부가 차관에 대한 지급보증을 서줄 것을 결정하였다.[60]

그렇지만 외자는 원활하게 도입되지 않았다. 1962년 차관 도입 계획액은 5천만 달러였으나 실제 도입액은 600만 달러에 불과했다. 1963년에 약간 개선되기는 하였으나, 실제 외자 도입액은 계획액의 48%에 불과하였다. 위에서 지적한 바와 같이, 외자가 도입되지 않을 경우 제1차 경제계획에서 목표로 한 사회간접자본과 중요 산업의 공장 건설은 어렵게 되고, 궁극적으로 이것은 성장 지향적인 박정희 정부의 목표가 실현될 수 없음을 의미하였다. 이런 상황에서 박정희 정부는 한일 관계를 정상화하여 외자를 적극 도입하고자 시도하였다. 1965년 6월 한일협정이 체결된 이후부터 외국자본 도입액은 계획액을 크게 상회하여 우리 경제가 외자의 제약으로부터 벗어나는 계기가 되었다.

한일회담이 진행되는 동안 국민들은 이에 맹렬히 저항하였다. 특히 한일회담 내용이 일반에 알려진 1964년 내내 야당과

한일 국교정상화를 반대하는 시위는 1964년 내내 전개되었다.

학생들의 반대가 심했는데, 이것은 대일 굴욕외교에 대한 비판이라는 명분에 더해, 정부가 추구하는 대외지향 개발전략에 대한 저항의 표출이기도 하였다. 따라서 정부가 국민들의 반대를 무릅쓰고 한일협정을 체결한 것은 경제개발을 달성하겠다는 강력한 추진 의지와 함께 그를 위해 대외지향 개발전략을 채택하겠다는 분명한 의지를 밝힌 것이라고 할 수 있다.

일반은행 국유화

경제개발을 본격적으로 추진하기 위해서는 외자와 함께 내자도 중요하였다. 표 9에서 확인할 수 있듯이, 제1차 경제계획의 투자계획을 시행하는 데 있어 외자보다 훨씬 많은 내자 금액이 필요하였다. 따라서 정부가 필요한 내자를 어떻게 조달하고 배분하느냐가 중요하였다.

박정희 정부는 두 방향에서 이 문제를 해결하려고 하였다. 하나는 통화개혁과 같은 임시적·충격적 정책을 시행하는 것이었다. 박정희 정부는 1962년 6월 초 통화개혁을 단행하였다. 통화개혁의 핵심 내용은 화폐단위를 환圜에서 원圓으로 바꿈으로써 화폐 교환을 강제하고, 일정 금액 이상의 화폐를 봉쇄계정에 강제 예치시키는 것이었다. 애초 목표는 봉쇄계정에 예치된 화폐를 중요 산업의 건실에 필요한 투자자금으로 전환하는 것이었다. 그러나 예상한 것과 달리 퇴장화폐退藏貨幣는 많지 않았고 되려 기업이 자금난에 직면하여 경제가 위축되는 현상이 발생하였다. 이에 미국 정부가 반대하자 박정희 정부는 곧바로 봉쇄계정을 해제하여, 통화개혁을 통해서는 소기의 성과를 거두지 못하였다.

박정희 정부는 이에 굴하지 않고 더욱 근본적인 제도개혁으로 내자 조달과 배분 문제를 해결하고자 하였다. 우선 박정희 정부는 한국은행법을 비롯하여 금융 관련 제법을 개정하여 정부의 내자에 대한 통제권을 강화하였다. 1962년에 한국은행법을 개정하여 통화신용정책을 결정하는 데 있어 중심적인 역할을 하는 금융통화위원회의 독립적인 위상을 재무부에 종속시켰다. 이를 통해 정부는 성장정책에 부응하여 화폐 공급량을 조절하는 권한을 장악할 수 있게 되었다. 또한 정부는 은행 관련 제법을 개정하여 금융기관의 개발금융기관으로서의 역할을 강화하였다. 가령 정부는 1962년 은행법을 개정하여 일반은행이 장기 산업자금을 공급할 수 있는 비중을 늘려 일반은행의 개발금융기관으로서의 역할을 강화하였고,[61] 1961년 12월 한국산업은행법을 개정하여 한국산업은행의 개발금융기관으로서의 위상을 더욱 확고히 하였다. 개정된 법에 따르면, 한국산업은행은 자본금을 4천만 원에서 200억 원으로 증액하였고, 정부가 출자한 사업체나 중요 산업을 영위하는 법인의 주식을 인수할 수 있게 되었다.[62]

그러나 내자에 대한 통제권 강화는 일반은행을 국유화한 데서 완결되었다. 원래 일반은행은 미군정으로부터 귀속재산으로 넘겨받은 것으로, 정부가 주식의 대부분을 보유하고 있었다. 정부는 일반은행 민영화 방침에 따라 1954년 10월 이후 7차례에 걸쳐 귀속주 불하를 시행했으나 성공을 거두지 못하였다. 낙찰에 실패한 가장 중요한 이유는 일반은행의 소수 지배를 우려한 정부가 1인당 입찰한도를 제한했기 때문이다. 1956년 말에 1인당 입찰한도를 폐지하고 낙찰조건을 완화하여 입찰을 재실시한 결과 1957년 2월에 귀속주 불하에 성공했지만, 그것은 일반은행이 소수 재벌에 집중되는 결과를 초래하였다. 가령 흥업은행의 경우 민영화 이전에 정부 보유 주식 비율은 87.5%한국은행, 산업은행 보유 주식 포함였으나 민영화 이후 정부 보유 주식 비율은 35.5%로 줄어들었고, 대신 삼성그룹의 이병철李秉喆 보유 비율이 52%로 증가하였다. 정도의 차이는 있지만 조흥은행, 상업은행, 저축은행의 경우 민영화를 통해 정부 보유 비율이 급격히 줄어든 대신에 당시 대자본가의 보유 비율은 증가하였다.[63] 그런데 박정희 정부는 부정축재 환수조치의 일환으로 재벌이 보유했던 주식을 몰수하여 일반은행을 다시 국유화한 것이다.

일반은행 국유화는 내자 조달과 배분에서 중요한 의미를 갖

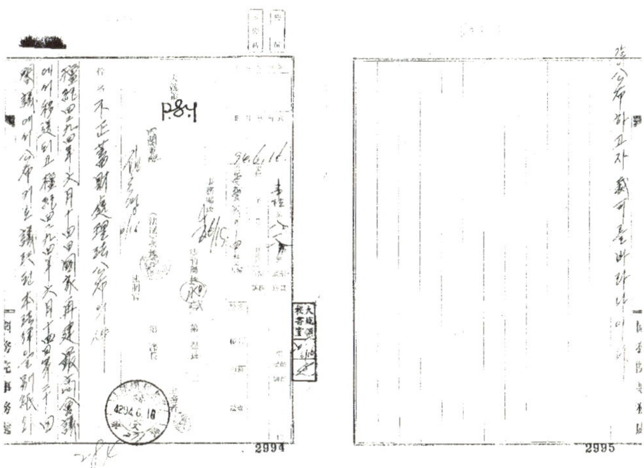

1961년 6월 14일 제정·공포된 부정축재처리법(법류 제623호).
정부는 이 법을 제정하여 민영화했던 일반은행을 다시 국유화하였다.

는다. 당시는 은행 이외의 제도권 금융시장이 거의 발달하지 못한 상태여서 일반은행 국유화는 정부가 내자에 대한 통제권을 확실하게 확립했음을 의미한다. 즉, 정부는 일반은행에 동원된 자금을 정부가 계획한 투자사업에 집중적으로 배분할 수 있게 되었다. 이로써 박정희 정부는 산업 건설과 육성에 필요한 내자와 외자를 완전히 통제함으로써 정부가 의도한 대로 경제개발을 이끌어갈 수 있는 개발체제를 확립하였다.

03

수출, 성장의 동력

수출의 성장

경세성장을 목표로 하는 후발국에서 수출은 매우 중요한 역할을 수행한다. 두 가지 점에서 그 의의를 지적할 수 있다. 첫째, 수출은 국제수지 문제를 완화하고 산업화에 필요한 외자가 원활히 도입될 수 있는 기반을 마련해준다. 특히 이런 외환 문제는 경제개발 초기단계에 있는 후발국이 직면하는 가장 중요한 장애요인이므로 경제성장을 성공적으로 달성하기 위해서는 반드시 해결해야 한다. 가령 자본 축적이 미약한 후발국에게 특히 중요한 것은 산업 건설에 필요한 투자재원과 경제 운영에 필요한 연료, 원료와 중간재의 원활한 수입이다. 이 과정에서 후발국의 국제수지는 적자를 기록하게 되므로, 이런 적자를 해결해주는 수출은 중요하다. 더욱이 경제개발에 필요한 수입재원은 수출로 벌어들인 외환으로 전부 확보할 수 없어 외국 정부나 국제금융기관으로부터 차관을 도입해야 하는데, 수출은 차관에 대한 상환 능력을 보여줌으로써 안정적인 차관 도입을 가능하게 해준다. 이와 같이 수출은, 특히 경제개발 초기 단계에 있는 후발국에게, 산업화에 필요한 외화 재원을 안정적으로 공급해주는 역할을 수행하여 경제성장에 기여한다.

둘째, 수출은 공업화, 궁극적으로는 경제성장에 직접 기여한다. 총수요의 증가를 의미하는 수출의 증대는 제조업 생산을 자극하여 공업화와 경제성장에 직접 기여한다. 게다가 수출의 전후방 연관효과까지 고려하면, 경제성장에 미치는 효과는 훨씬 커진다. 통상 지적하듯이, 수출 증대가 제조업 성장으로 이어지고, 제조업 성장이 경제 성장으로 이어지는 수출주도 공업화 전략에서 수출은 선도적인 역할을 수행한다. 한국경제가 고도성장에 성공한 것은 바로 이러한 수출주도 공업화의 선순환 구조가 잘 작동했기 때문이다.

그림 3은 박정희 정부 시기의 수출액을 정리한 것이다. 앞에서 지적한 바와 같이 1950년대 수출은 증가와 감소를 반복하는 순환적인 패턴을 보였다. 수출은 1959년부터 빠르게 성장하기 시작했는데, 이 추세는 박정희 정부 시기에 더욱 가속화되었다. 박정희 정부가 처음 출범한 1961년의 수출액은 4,100만 달러에 불과했지만, 1964년에 이는 1억 달러를 돌파하였다. 수출액이 10억 달러를 넘어선 것은 1억 달러를 넘어선 이후 7

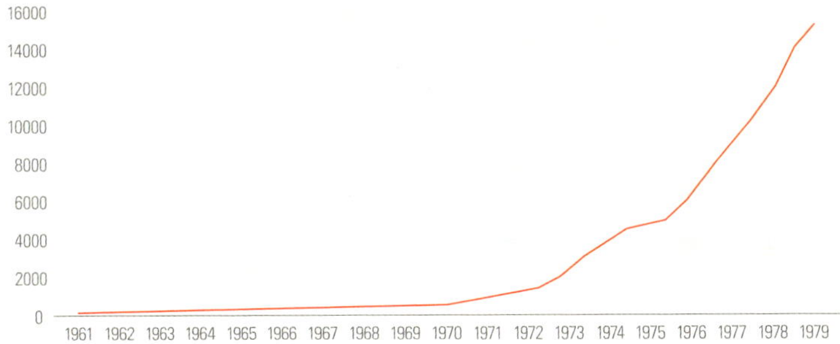

출처: 한국무역협회, 《무역연감》, 각 연도판. (단위: 100만 달러)

그림 3 한국의 수출액 추이

년 만인 1971년이었고, 1977년에는 100억 달러를 돌파했으며, 1979년에는 151억 달러의 수출액을 기록하였다. 1961~1979년 기간 동안 수출은 무려 368배 증가했고, 연평균 수출 성장률은 38.9%였다. 이 기간 동안 우리 경제가 높은 경제성장률을 나타낸 것은 이와 같이 수출이 빠르게 증가한 것에 기인한다.

박정희 정부 시기에 달성한 39%라는 수출 성장률이 어느 정도의 성과인지 확인하려면 다른 나라와 비교하면 된다. 표 10은 1962~1979년간 연평균 수출 성장률별로 국가 분포를 정리한 것이다. 연평균 수출 성장률이 15%를 넘은 국가는 총 31개국이었는데, 그중에서 15~20% 사이의 성과를 거둔 국가는 22개, 20~30% 사이의 성과를 거둔 국가는 7개였다. 30%를 초과하는 국가는 한국과 리비아 2개 국가에 불과했으며, 더욱이 한국의 연평균 수출 성장률 39%는 리비아를 훨씬 상회하여 세계 최고 수준이었다.

성장률	30% 이상		20% 이상		15% 이상					
국가	한국	38.9	브루나이	24.4	일본	19.6	코트디부아르	16.7	토고	16.1
	리비아	32.3	나이지리아	23.4	에콰도르	18.5	노르웨이	16.7	브라질	16
			가봉	22.5	이스라엘	17.8	오스트리아	16.6	스위스	15.7
			니제르	22.4	그리스	17.5	프랑스	16.4	태국	15.5
			요르단	20.5	이탈리아	17.5	벨기에	16.3	핀란드	15.3
			홍콩	20.2	튀니지	17.5	싱가포르	16.2	볼리비아	15.2
			인도네시아	20.2	콩고	17.1	말레이시아	16.2	카메룬	15.1
					네덜란드	16.7				
국가 수	2		7		22					

표 10 1962~1979년간 연평균 수출 성장률별 국가 분포

출처: UN 무역통계.

더욱 주목되는 것은 우리의 수출 성과가 공산품 수출을 통해 달성되었다는 점이다. 앞에서 지적한 바와 같이, 1950년대의 주요 수출품은 광산물·수산물 등과 같은 제1차 산업 제품이었다. 그러나 1962년부터 빠르게 증가하기 시작한 공산품 수출 비중은 1963년에는 절반을 넘어섰다. 그 이후에도 공산품 수출 비중은 1970년 81%, 1979년 90%로 계속 증가하여, 공산품 수출이 이 시기 수출 성장을 주도했다.[64]

후발국이 공산품 수출을 통해 공업화에 성공한 경우는 국제적으로 매우 예외적인 현상이다. 표 10에서 20% 이상을 초과하는 9개 국가 중 한국과 홍콩을 제외한 나머지 국가들은 제1차 산업 제품의 수출이 대부분을 차지하였다. 한국에 이어 두 번째로 높은 수출 성장률을 기록한 리비아의 수출액은 1962년 1억 3,700만 달러에서 1979년 160억 8,500만 달러로 증가했으

나, 이 대부분은 석유와 석유제품의 수출 증가로 설명할 수 있다. 리비아의 석유 및 석유제품 수출액은 1962년 1억 3,200만 달러였고, 1979년에는 157억 2,100만 달러였다. UN 무역통계

경제협력개발기구OECD는 1979년에 발간한 보고서에서 공산품 수출을 통해 공업화에 성공한 나라를 신흥공업국Newly Industrializing Countries, 이른바 NICs이라 부르며, 이에 해당하는 10개국을 발표하였다. 여기에 아시아 지역에서는 한국을 비롯하여 아시아의 네 마리 용이라고 알려진 홍콩·싱가포르·대만이 포함되었고, 유럽 지역에서는 스페인·포르투갈·그리스·유고슬라비아, 남미에서는 멕시코와 브라질이 포함되었다.[65] 표 10에서 확인할 수 있듯이, 이들 국가 중에서 연평균 수출 성장률이 20%를 넘은 국가는 홍콩과 한국뿐이었고, 그리스, 싱가포르, 브라질을 제외한 나머지 국가들은 15%의 수출 성장률도 달성하지 못했다.

또한 수출시장도 다변화되었다. 1950년대 한국의 수출시장에서는 미국과 일본이 절대적인 비중을 차지하여, 1959년 두 나라의 수출 비중은 74%였다. 이런 추세는 1970년대 중반까지 계속 이어졌지만, 그 속에서 수출 상대국 수는 계속 증가하였다. 1962년 우리나라의 수출 상대국은 36개국에 불과했지만, 이는 1970년에는 113개국, 1980년에는 156개국으로 늘어났다. UN 무역통계

시장 친화적 정책

박정희 정부 시기에 수출이 빠르게 증가한 이유는 무엇일까? 두 가지 원인을 지적할 수 있다. 하나는 정부가 수출활동에 대한 인센티브를 제공하기 위해 수출지원정책을 강화했다는 것이고, 다른 하나는 정부가 수출 목표를 책정하고 그것을 달성하기 위해 경제에 직접 개입했다는 것이다. 여기에서는 전자의 문제를 먼저 다루고, 후자는 다음 항목에서 다루기로 한다.

수출이 국민경제에서 수행하는 역할은, 앞에서 설명한 바와 같이, 두 가지였다. 하나는 국제수지를 완화하는 것이고, 다른 하나는 공업화 및 경제성장의 수단으로서의 역할이다. 우리 경제의 경험을 볼 때 수출에 대한 인식 변화에는 시기마다 조금씩 차이가 있었다. 앞에서 소개한 바와 같이, 수출이 중요한 정책 변수로 등장한 1950년대 후반에는 국제수지를 완화하는 역할이 부각되었다. 이 단계에서는 수출 증대의 필요성이 인식되긴 했지만, 이것이 지원정책으로 구체화되지는 않았다. 그러나 수출과 경제성장이 긴밀히 연결되면 상황은 크게 달라진다. 이런 이유 때문에, 경제성장을 국가의 최우선 목표로 상정했던 박정희 정부하에서 수출은 이전보다 훨씬 중요해졌고, 수출정책에서도 중요한 변화가 이루어졌다.

박정희 정부하에서 시행된 수출지원정책은 두 가지 특징을 갖고 있다. 첫째, 수출지원정책이 훨씬 다양해졌다. 1950년대에는 물품세 감면제도와 무역금융밖에 없었던 재정·금융 지원 정책이 1960년대에는 훨씬 다양해진 것이다. 재정상의 지원정책에는 소득세·법인세·영업세 감면제도, 수출용 원자재와 자본재 수입에 대한 관세 감면제도 등이 추가되었고, 금융상의 지원정책에는 수출금융에 더해 다양한 금융지원정책이 새로 도입되었다. 게다가 지원정책을 통해 제공되는 수출보조금도 박성희 정부 이후 크게 확대되었다. 1달러를 수출했을 때 정부의 지원정책으로 제공되는 수출보조금은 1958년 2.5원에서 1961년 15.7원, 1964년 28.1원으로 계속 증가하였다.[66]

둘째, 더욱 중요한 것은 수출활동에 대한 정부의 지원방식이 자동 지원방식으로 변경되었다는 점이다. 1950년대의 수출지원정책은 상기한 재정·금융 지원정책보다는 채산성이 높은 상품을 수입할 수 있는 권한을 부여함으로써 수출활동을 간접적으로 촉진하는 정책이 주를 이루었다. 그러나 1960년대 초반 이후에는 수입 허가권을 부여하는 대신 수출이 증가하면 재정·금융 지원정책에 의한 금전적 지원이 자동적으로 이루어지도록 방식이 변경되었다. 이러한 자동 지원방식은 수출을 전반적으로 촉진하는 효과가 매우 컸다.

수출지원정책이 자동 지원방식으로 변경된 데에는 1964년의 환율현실화 조치가 중요한 기반이 되었다. 1955년 8월에 결정된 1달러당 50원의 공정 환율은 시장 환율의 절반을 밑돌았다.

1964年4月30日 木曜日

百80원서 二百20원線

政府, 換率現實化곧美와協議

時期5月로推定

副作用除去등銳意檢討

行政事務46件 地方에移讓

閣僚長官·地方長官會議서決定

6月까지

元農林長官談

환율현실화 조치를 보도한《동아일보》1964년 4월 30일 기사

그래서 정부는 1달러당 환율을 1960년 1월에 65원으로, 1961년 1월에 다시 130원으로 인상했지만, 원화는 여전히 과대평가된 상태였다. 1964년 5월의 환율현실화 조치는 공정 환율을 시장 환율에 근접한 수준인 256원으로 인상한 것인데, 이를 통해 수출은 대부분 환율을 통해 조정될 수 있게 되었다. 이런 기반 위에서 상기한 자동적인 수출지원정책은 환율을 통해 조정되지 않는 손실을 메워주는 보완적인 역할을 수행한 것이다. 이런 입장에서 수출 성장을 설명한 것이 시장 친화적 견해이며, 초기 연구자들은 주로 이런 입장에서 이 시기 급속한 수출 성

장의 원인을 설명하였다.[67]

수출진흥확대회의

시장 친화적 견해에서는 정부가 정책으로 수출 인센티브를 제공하면 민간 수출기업이 수출활동을 더욱 활발히 하여 수출을 증가시켰고, 그 결과가 모여 연평균 수출 성장률 39%라는 성과를 거두었다고 설명한다. 수출을 통해 손실을 입게 되면 기업이 수출을 계속 하지 않을 것이라는 점을 고려할 때, 수출을 늘리려면 수출 인센티브는 매우 중요하다.

그러나 시장 친화적 정책만으로 박정희 정부하에서 달성한 연평균 수출 성장률 39%를 전부 설명할 수는 없다. 박정희 정부는 수출을 증가시키기 위해 시장 친화적 정책 이외에도 다양한 수출촉진정책을 도입·시행하였다. 여기에는 대한무역진흥

수출지원정책과 수출보조금

이론적으로 수출은 환율을 통해 조정된다. 환율이 올라가면 수출이 늘고, 환율이 내려가면 수출이 줄어든다. 그러나 경제발전 초기단계에서는 환율만 가지고는 수출기업에게 충분한 수출 유인을 줄 수 없는 경우가 있다. 이 경우 정부는 세제상, 금융상의 지원을 통하여 수출을 촉진하게 된다. 이와 같이 재정 금융 지원정책을 통해 수출기업에게 제공하는 인센티브를 수출보조금이라고 하는데, 수출기업은 환율과 수출보조금을 고려하여 자신의 수출활동의 손익을 계산한다.

공사KOTRA를 설립하여 해외시장 정보를 수집·확산시키거나 수출산업단지를 조성하여 중소기업들의 수출을 장려한 것, 매월 정기적으로 수출진흥확대회의를 개최하여 수출을 촉진한 것 등이 포함된다. 이 중에서 수출진흥확대회의는 이 시기 수출 성장에 가장 크게 기여했기 때문에 이 회의의 주요 특징을 소개한다.

수출진흥확대회의이하 확대회의는 정부가 수출지향공업화 정책을 본격적으로 추진하던 1965년 2월에 처음 도입되었다. 표 11에서 확인할 수 있듯이, 확대회의는 도입 첫해인 1965년과 박정희 정권 붕괴 시기인 1979년을 제외하면 거의 매월 개최되었다. 1960년대 후반에는 매월 개최되었고, 1970년대에는 연 10회 혹은 11회가 개최되었다. 이 확대회의에 정부 측에서는 대통령을 비롯하여 각 부처 장·차관 및 국·과장급의 실무자가 참석하였고, 민간 측에서는 업종별 생산단체 및 수출조합 대표와 수출 우수기업 대표들이 참석하였다.

이러한 확대회의가 수출 성장에 어떻게 영향을 미쳤을까? 크게 두 가지 요인이 중요하다. 먼저 지적할 수 있는 것은 정부가

연도	1965	1966	1967	1968	1969	1970	1971	1972
개최 수	5	11	12	12	12	12	11	11
연도	1973	1974	1975	1976	1977	1978	1979	총 수
개최 수	10	11	10	10	10	9	6	152

출처: 최상오(2010b), 265쪽.

표 11 연도별 수출진흥확대회의 개최 수

1970년대 수출진흥확대회의 장면.
대통령이 참석한 이 회의는 수출 성장에 크게 기여하였다.

매년 수출 목표를 책정하고 이를 확대회의를 통해 매월 정기적으로 점검했다는 점이다. 표 12는 정부가 매년 책정한 수출 목표와 실제 달성한 실적을 비교·정리한 것이다. 정부가 매년 책정한 수출 목표는 표에 연차 목표로 제시되어 있다. 그리고 연차 목표 아래에는 매년의 수출 실적이 제시되어 있는데, 1962년과 1975년 두 해를 제외하고 수출 실적은 목표를 항시 초과 달성되었다. 정부의 수출 목표가 낮아서 쉽게 달성된 것은 아니었다. 표 12의 맨 마지막 칼럼에 정리해놓았듯이, 연평균 수출 성장률은 제1차 계획기1962~1966년에는 42%, 제2차 계획기에는 38%, 제3차 계획기에는 37%, 제4차 계획기에는 24%였다. 1962~1979년 기간 동안 정부가 책정한 수출 목표의 연평균 성

		1차년도	2차년도	3차년도	4차년도	5차년도	연평균 성장률(%)
1차 계획	연도	1962	1963	1964	1965	1966	
	연차 목표	61	73	120	170	250	42.2
	실적	57	79	121	181	266	
2차 계획	연도	1967	1968	1969	1970	1971	
	연차 목표	350	470	700	1,000	1,350	38.4
	실적	359	504	703	1,003	1,352	
3차 계획	연도	1972	1973	1974	1975	1976	
	연차 목표	1,750	2,350	4,500	6,000	6,500	36.9
	실적	1,806	3,257	4,713	5,409	8,115	
4차 계획	연도	1977	1978	1979	1,980	1,981	
	연차 목표	10,000	12,500	15,500	-	-	24.1
	실적	10,047	12,710	15,056	17,506	20,993	

표 12 박정희 정부하의 수출 목표와 실적 비교

출처: 최상오(2010b), 373쪽.
(단위: 100만 달러)

장률은 38.5%였는데, 이것은 이 기간 동안 우리 경제가 실제 달성한 수출 성장률과 거의 동일한 것이다.

다음으로 중요한 것은 대통령이 이 회의에 거의 한 번도 빠지지 않고 매월 참석했다는 점이다. 수출 목표를 책정하고 그것을 정기적으로 점검한다고 해서 목표 달성이 자동으로 보장되는 것은 아니다. 더욱이 수출 목표가 매우 높게 책정되었음에도 불구하고 매년 달성된 데에는 대통령의 참석이 중요하였다. 이 회의는 1965년 2월 처음 도입된 이후 1979년 9월까지 총 152회 개최되었는데, 대통령은 5번을 제외한 147회나 참석하였다. 상공부 수출 담당자는 대통령이 지켜보는 앞에서 상품별, 산업별, 지역별, 국가별 수출 실적과 그 달성 여부를 평가하여 매월

정기적으로 보고하였다. 이것은 정부 관료나 민간 수출기업에게 수출 목표를 달성하도록 강제하는 강력한 장치였다. 이러한 상호작용 속에서 매년 수출 목표가 달성되었고, 그 결과 전체적으로 매우 높은 성과를 달성할 수 있었던 것이다.

04

중화학공업의 성장

중화학공업 육성이 왜 필요했나

비교우위 원리에 따르면, 자본과 기술이 부족한 후발국은 중화학공업보다는 노동집약적인 경공업에 특화함으로써 경제발전을 달성할 수 있다. 그러나 우리 정부는 경제이론이 제시하는 코스를 밟지 않고 경공업과 중화학공업을 동시에 육성하고자 하였다. 장기적으로 봤을 때 박정희 정부 시기에 중화학공업을 육성한 것은 우리 경제의 안정적인 성장 기반을 만드는 데 크게 기여했다고 평가할 수 있다.

그러면 박정희 정부는 어떤 이유로 중화학공업을 건설·육성하려고 했을까? 여기에는 두 가지 요인이 매우 중요하였다. 첫째, 만성적인 무역수지 적자구조를 해결해야 했다. 위에서 지적한 바와 같이, 1962~1979년 사이 수출이 빠르게 증가했음에도 불구하고 무역적자 규모는 줄어들지 않고 계속 확대되었다.

1961년에 2억 7,500만 달러였던 적자는 1968년 10억 700만 달러, 1974년 23억 9,200만 달러, 1979년에는 52억 8,300만 달러를 기록하였다. 1970년대에 무역적자 규모가 크게 확대된 하나의 요인은 두 차례에 걸쳐 발생한 석유파동이었다. 그렇지만 석유파동 요인에 의한 적자 증가분을 제외하더라도 무역적자는 1960~1970년대에 걸쳐 일관되게 발생했는데, 그 가장 중요한 원인은 수입 유발적 공업구조 때문이었다. 우리 경제는 자원이 부족했을 뿐 아니라 생산재 생산 부문의 발달이 미약하여 수출이나 공업 생산이 증가할수록 원료, 중간재 및 자본재에 대한 수입 수요가 같이 증대하는 공업구조를 갖고 있었다. 이런 공업구조로 인한 무역수지 적자 문제는 중화학공업 부문을 육성함으로써 해결할 수 있었다.

둘째, 지속 성장을 위해 수출상품의 고도화가 요구되었다. 수출이 경제성장의 강력한 수단이었지만, 몇몇 경공업 제품만을 가지고서는 지속적인 수출 성장이 어려웠다. 특히 경공업 부문의 성장에 힘입어 1960년대 후반부터 임금이 상승하고, 1970년대 초기에는 선진국의 보호무역주의가 강화되었으며, 후발개도국이 세계시장에 진입함에 따라 경공업 제품의 비교우위는 점차 상실되고 있었다. 이런 상황에서 지속적으로 수출을 늘리려면 새로운 수출품을 개발해야 했고, 그것은 중화학공업을 육성해야 달성될 수 있는 것이었다. 앞에서 지적한 바와 같이, 1970년대에도 높은 수출 성장률을 달성했던 데는 중화학공업 제품의 수출이 크게 기여하였다. 1970년대 초반까지는 경공업 제품의 수출이 주를 이루어서 이 시기를 대표하는 수출품은 합판, 가발, 완구, 의류, 신발 등이었다. 그러나 1970년대 중반부터 철강제품, 조선, 전자제품 등과 같은 중화학공업 제품의 수출이 증가하기 시작하여 수출품이 고도화되었다. 공산품에서 중화학공업 제품이 차지하는 비중은 1970년에는 16%에 불과했지만 1979년에는 45%에 달했고, 1982년에는 처음으로 절반을 넘어 54%를 기록하였다.[68]

중화학공업은 어떻게 육성되었나

1973년 1월, 우리 정부는 중화학공업화를 공식 선언하였다. 정부는 같은 해 5월에 중화학공업추진위원회를 설치하고 6월에 중화학공업 육성계획을 수립·발표하여 본격적인 중화학공업화를 추진하였다. 이 육성계획은 1981년에 수출 100억 달러와 1인당 국민소득 1천 달러에 도달하여 개발도상국에서 벗어나 중진국에 진입한다는 목표를 제시하고, 그러한 목표를 달성하기 위해 조선, 기계, 전자, 석유화학, 철강, 비철금속공업을 집중 육성한다는 구상을 포함하였다.[69]

이렇게 시작된 중화학공업화 정책은 전체적으로 볼 때 성공적이었다고 평가된다. 먼저 지적할 수 있는 것은 제조업에서 중화학공업이 차지하는 비중이 빠르게 증대되었다는 점이다. 1960년에 중화학공업이 제조업에서 차지하는 비중은 22%에 불과했지만, 이 비중은 빠르게 증가하여 1970년에는 38%, 1980년에는 58%로 절반을 훨씬 초과하였다. 다음으로 중요한 것은, 위에서 지적한 바와 같이, 중화학공업이 빠르게 성장하는 과정에서 중화학공업 제품이 중요 수출품으로 등장하여 수출 상품의 고도화와 지속적인 수출 성장에 크게 기여하였다는 점이다. 또한 장기적인 관점에서 더 중요한 것은, 1980년대 중반 나타난 3저 호황 국면으로 인한 기회를 우리 경제가 적극 활용할 수 있는 기반이 1970년대에 추진한 중화학공업화 정책에 의해 다져졌다는 점이다.[70]

이 시기에 중화학공업이 육성된 데는 정부의 역할이 매우 컸다. 정부는 정실이나 정책 입안자들의 개인적 친소관계가 아닌 국민경제의 관점에 근거하여 육성 산업을 적절하게 선정하였다. 무엇보다도 정부는 국내 생산에 비해 국내 수요가 크고 앞으로 더욱 확대될 것이 예상되는 산업을 선정하였다. 이러한 산업을 육성할 경우 수입대체 효과가 커서 국제수지를 개선하는 데 크게 기여할 수 있었다. 다음으로 정부는 고용증대 효과와 산업연관 효과를 극대화할 수 있는 산업을 선정하였다. 이들 중화학공업이 육성되면 성장의 성과가 국민들에게 확산되고, 국내에서 생산된 부가가치가 해외로 유출되지 않고 더 많은 양이 국내의 경제활동에 재투입될 수 있었다. 마지막으로 정부는 수출 기여도가 큰 산업을 선정하였다. 이 기준에 따라 정부는 상기한 바와 같은 6개 산업을 선정한 것이다.

정부는 육성산업 선정에 그치지 않고, 민간기업의 참여를 적극 유도하기 위해 다양한 유인정책을 시행하였다. 중화학공업은 대규모 투자가 이루어져야 하고, 투자의 과실은 많은 시간이 지난 이후에 발생하며, 국내시장이 제약되어 투자에 따른 위험이 매우 큰 산업이었다. 더욱이 자본과 기술의 발달 수준이 낮은 당시로서는, 민간기업이 중화학공업을 건설하기 위해서는 외국의 자금과 기술 지원이 필수였다. 이런 상황에서 중화학공업 부문에 민간기업의 참여를 적극 유도하기 위해 정부는 재정·금융으로 지원하여 민간기업과 위험을 분담하였다. 정부의 지원정책 중에서 특히 주목되는 것은 기계공업진흥법·조선공업진흥법·전자공업진흥법·철강공업육성법 등을 포함하는 6개의 공업진흥법을 1960년대 후반에 제정한 점이다. 가령 조선공업진흥법에 따르면, 정부는 장기 저리의 조선자금을 재정자금으로 조성하여 조선공업 진흥을 위해 사용할 수 있었고, 조선업에서의 과당 경쟁을 막기 위해 조선업 면허제를 실시하였다. 이들 공업진흥법은 특정 산업을 대상으로 한 정부의 지원정책을 법률로 제도화한 것으로서, 중화학공업 육성에 크게 기여하였다.[71]

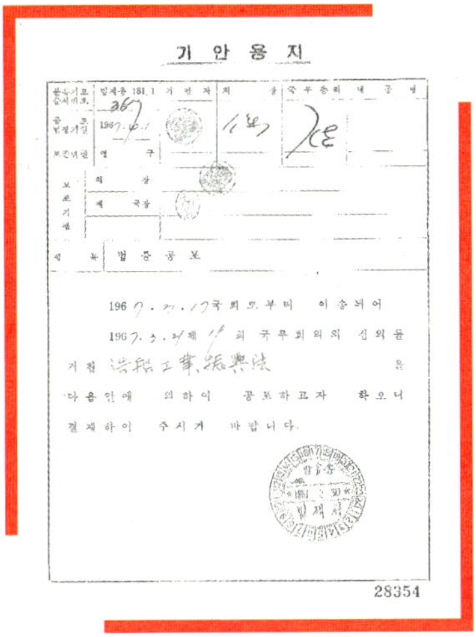

기 안 용 지

법률공보

196 7. . 국회로부터 이송되어

196 7. . 제 회 국무회의의 심의를

거친 造船工業振興法을

다음안에 의하여 공포하고자 하오니

결재하여 주시기 바랍니다.

28354

1967년 3월 제정·공포된 조선공업진흥법(법률 제1937호)

철강공업

철강공업을 사례로 하여 중화학공업이 육성되는 과정을 더욱 구체적으로 살펴보기로 한다. 철강은 '산업의 쌀'이라고 일컬어진다. 그래서 한 나라의 산업이 발달하기 위해서는 철강공업이 매우 중요하다. 그런데 제1차 경제개발계획이 추진되기 이전까지 국내에 근대적 설비를 갖춘 대규모 제철공장은 존재하지 않았다. 당시 철강공업 분야의 중요 기업으로는 소형 용광로를 이용하여 선철을 생산하는 삼화제철주식회사와 강철을 생산하는 대한중공업공사현 현대제철가 있었고, 여기에 다양한 철제품을 생산하는 소규모 압연공장들이 다수 가동되는 정도였다.

제1차 경제개발계획이 본격적으로 추진되면 철강에 대한 수요는 크게 확대될 것이 분명하였다. 그런데 당시 철강공업 분야에서는 제선·제강·압연 공정 간 연계가 결여된 채 각각의 공정이 독립된 개별기업에 의해 영위되고 있었다. 3개의 공정을 단일 공장에서 처리하는 종합제철공장이 각 공정을 독립적으로 영위하는 공장들보다 생산비용을 1/2에서 2/3 정도 절감할 수 있다는 점을 고려할 때,[72] 제1차 경제개발계획에서 종합제철공장을 건설하려고 했던 것은 당연한 일이었다. 정부는 1억 5,600만 달러의 자금을 들여 연산 31만 톤 규모의 종합제철공장을 울산에 건설하고자 계획하였지만, 이 계획은 시도조차 해보지 못하고 좌절되었다. 자본과 기술이 부족한 상황에서 종합제철공장을 건설하려면 철강 선진국의 지원이 필수적이었지만, 외국 기관에서는 경제성이 없다는 이유로 자금과 기술 지원을 거부하였던 것이다.

정부의 강력한 건설 의지에도 불구하고, 종합제철공장의 건설 과정은 순탄치 않았다. 제1차 계획에서의 좌절을 딛고, 정부는 철강공업을 제2차 계획의 중점 육성사업으로 선정하고 또다시 건설을 추진하였다. 제2차 계획기에는 외국 전문가에게 공장 건설에 관한 기본계획 작성을 의뢰하고 사전 준비를 철저히 진행하였다. 이 결과 연산 100만 톤 규모의 종합제철공장을 건설한다는 기본 방침을 정하고, 우리 경제의 재원 제약을 고려하여 이를 2단계에 걸쳐 건설하기로 계획하였다. 제2차 계획에서는 우선 연산 50만 톤 규모의 종합제철공장을 1967년 착공하여 1971년에 완공하기로 결정하였다. 그러나 이때에도 외국의 자금과 기술 지원이 문제였다. 우리의 종합제철공장 건설에 자금과 기술을 지원하기 위해 결성되었던 대한국제제철차관단KISA이 자금 지원을 미뤄, 공장은 1969년이 되어도 착공조차

대한국제제철차관단

철강산업 양성을 도모하던 박정희 대통령은 1965년 5월 미국을 방문하면서 피츠버그 철강공업지구를 시찰하고 코퍼스(미국 제철소 건설기술 용역회사) 사의 포이(F. Foy) 회장을 만나 제철소 건립을 위한 외자 조달 목적의 국제적인 제철차관단 구성을 제안한다. 이에 따라 1966년 12월, 미국 코퍼스 사 외 서독을 포함한 5개국 8개 철강사로 구성된 대한국제제철차관단(KISA: Korea International Steel Associates)이 출범하였다.

이후 차관단은 경제기획원과 연 60만 톤 규모의 종합제철공장 건설 계약을 체결하였다. 한편 정부는 포항에 제철소 건설을 결정, 박태준을 종합제철추진위원회 위원장으로 임명하고 1968년 4월 포항종합제철(주)를 설립하면서 제철소 건설에 의욕적인 모습을 보였다.

그러나 당초 KISA의 참여사들은 제철소에 대한 직접적인 자금 투자를 고려한 것이 아니었다. KISA는 미국 수출입은행에서 1억 달러를 빌릴 계획이었는데, 미국 국제개발처의 반대와 세계은행의 제철소 설립에 대한 회의적 입장 등으로 난항을 겪었다. 결국 세계은행과 미국 수출입은행은 차관 제공을 거절했고 종합제철소 사업이 백지화되면서 대한국제제철차관단은 해체되었다.

할 수 없었다. 최종적으로 종합제철공장은 대일청구권 자금을 활용할 수 있게 된 후인 1970년 4월 착공되었는데, 이는 당초 계획보다 3년이나 지연된 것이었다.

자금 문제가 해결되자 공장 건설은 원활하게 진행되었다. 당초 제2차 계획에서는 연산 50만 톤 규모의 공장을 건설하려고 했지만, 국제경쟁력을 감안할 때 최소 100만 톤 이상은 되어야 한다는 전문가 그룹의 조언에 따라 최초 공장은 103만 톤 규모로 건설되었다. 정부는 종합제철공장 건설을 위해 1970년 4월 철강공업육성법을 제정하여 재정 및 금융상의 지원정책을 제공했을 뿐 아니라 공장 부지를 정비하고 항만 시설을 재정자금으로 건설하였다. 우리나라 최초의 종합제철공장인 포항종합제철주식회사현 POSCO는 이런 과정을 거쳐 1973년 7월 완공되었다.[73]

제1기 공사가 종료된 이후 포항제철은 1992년까지 8차례에 걸쳐 새로운 공장을 계속 건설하였다. 이 결과 1973년 45만 톤에 불과했던 포항제철의 조강 생산량은 1988년 1,308만 톤, 1996년 2,431만 톤으로 빠르게 증가했고, 아울러 포항제철은 우리 경제의 중요한 수출기업으로 성장하였다.

이상과 같이 철강공업은 국내 수요가 많은 기초소재산업으로서 산업연관 효과가 컸고, 아울러 고용증대 효과와 수출기여 효과도 커서 정부가 육성산업으로 선정하여 적극 지원한 산업이었다. 이 결과 철강공업은 짧은 기간 동안 빠르게 성장했는데, 이러한 성장과정은 철강공업에 한정된 것이 아니라 중화학공업화 정책이 추진되는 시기에 다른 공업에서도 일반적으로 발견되는 특징이었다.

05

경제자유화와 경상수지 흑자

경제자유화

경제가 자유화된다는 것은 두 가지 의미를 동시에 지닌다. 하나는 정부 주도하에 운영되던 경제를 가격기구에 기반을 둔 경제로 전환한다는 것이고, 다른 하나는 상품과 외환, 자본 등의 자원이 국경을 자유롭게 넘나들 수 있는 제도적 기반을 마련하는 것이다. 그래서 경제자유화를 추진한다는 것은 정부 주도적이고 규제적이던 제도와 정책을 폐지하고 그것을 새롭게 재정비하는 과정으로 이해할 수 있다. 우리나라에서 상기한 경제자유화는 1970년대 후반부터 논의되기 시작하여 1980년대 이후 점진적으로 추진되었다.

세계경제의 변화는 우리나라에서 경제자유화가 추진되는 주요한 환경적 요인이 되었다. 제1차 석유파동 이후 서방의 주요 정책결정자들은 세계경제 침체의 원인을 정부의 경제에 대한 간섭에서 찾았다. 이를 계기로 기업에 대한 정부 규제 완화, 공기업 민영화, 재정지출 축소, 세금 감축 등을 주요 정책으로 삼는 신자유주의가 출현했고, 이것은 1970년대 후반부터 주요 서방 선진국의 정책기조가 되었다. 더욱이 1971년 8월 미국이 금태환 금지조치를 채택한 이후 국제통화제도는 고정환율제도에서 변동환율제도로 이동해갔다. 그리고 이를 계기로 국가 간 자유로운 자본 이동에 대한 요구가 증대되기 시작하였다.

그러나 경제자유화 논의가 본격적으로 제기된 데에는 우리 경제 내부에서의 변화가 중요하였다. 1979년 4월 발표된 '경제안정화종합시책'이하 '종합시책'은 경제자유화 논의가 공식화되는 주요 계기였다. 고도성장기에 우리 경제는 정부 주도하에서 수출지향공업화 정책과 중화학공업화 정책을 강력히 추진하여 경제성장 목표를 항시 초과 달성하였다. 그러나 1970년대 후반으로 갈수록 정부 주도의 성장제일주의 정책은 점차 한계에 봉착하기 시작하였다. 시장기구의 조정을 거치지 않은 채 추진된 정부 주도의 산업정책은 중화학공업 시설의 과잉을 초래하였고, 다른 한편으로 노동자와 자원에 대한 수요 증대로 인플레이션을 악화시켰다. 더욱이 이러한 물가 상승은 대외경쟁력을 약화시키고 있었다. '종합시책'은 이런 상황을 타개하기 위해 정부의 역할을 성장을 주도하는 것에서 경제를 안정시키는 것으로 재조정하고자 하였다. 이를 위해 '종합시책'에서는 시장 기능을 활성화하고, 동시에 경제자유화를 본격적으로 추진할 정책과 제도의 도입을 주장하였다.[74] 물론 현실에서의 정책과 제도 변화는 점진적으로 진행되었지만, '종합시책'은 정부의 역할과 그에 따른 정책과 제도 변화가 추진되는 계기를 이루었다는 점에서 중요한 의의가 있다.

이를 계기로 다양한 경제 부문에서 정책과 제도 변화가 이루어졌다. 먼저 산업정책이 변경되었다. 고도성장기의 산업정책은 기업육성정책을 위주로 시행되었다. 그러나 1980년대 이후 산업정책은 특정 산업을 선정하여 직접 지원하는 기업육성정책을 폐지하고 '공업기술 및 생산성 향상', '인력의 양성 및 효율적인 관리' 등과 같이 특정 활동을 지원하는 기능별 지원정책으로 변경되었다.[75] 더욱이 1980년 이후에는 기업육성정책에 의해 초래된 산업 집중을 해소하고 시장 기능을 활성화하기 위해 시장조직정책을 도입하였다. 이때부터 기업, 특히 대기업은 육성의 대상이 아니라 관리 및 규제의 대상이 되었다.

공정거래법

공정거래법의 완전한 이름은 '독점규제 및 공정거래에 관한 법률'(법률 제3320호)이다. 이 법은 1980년 12월에 제정(1981년 4월에 발효)되었는데, 제정 당시에는 독과점적 시장구조를 경쟁적인 시장구조로 재편하는 데 초점을 맞추었다. 그러나 경제력 집중이 사회문제로 부각된 1980년대 중반 이후 이 법의 초점은 대기업집단을 규제하고 관리하는 방향으로 이동하였다.

외환 및 자본의 국가 간 이동에서도 점진적인 변화가 이루어졌다. 1980년대 초까지만 하더라도 우리는 규제 중심의 외환관리정책을 유지해왔다. 모든 외환 거래는 정부의 승인을 받아야 했으며, 심지어 정부의 승인을 받지 않은 민간인의 외환 보유는 허용되지 않았다. 그러나 상기한 세계경제 환경의 변화와 함께, 1986년 우리나라 경상수지가 처음으로 흑자를 기록하자 대내외적으로 외환거래의 자유화가 요구되었다. 최초의 외환자유화 조치는 1988년 우리가 IMF 8조국Article 8 Nation of IMF에 가입하면서 취해졌다. 이때부터 기업이나 개인은 정부의 승인을 받지 않더라도 일정량의 외환을 소지할 수 있게 되었다. 그 이후 외환자유화는 계속 확대되었고, 특히 1990년대 초 OECD 가입을 준비하면서 더욱 가속화되었다.

외환자유화와 함께 자본자유화도 진전되었다. 고도성장기에 자본 이동은 정부의 철저한 통제하에서 이루어졌다. 우리 경제가 보유한 외환은 부족했지만 경제개발에 필요한 외국자본에 대한 수요는 컸기 때문에, 국제수지를 관리하기 위해 정부는 자본 이동을 통제하였다. 이 시기에는 경제개발계획을 실현하는 데 필요한 자본, 특히 장기 차관 중심으로 자본이 도입되었다. 본격적인 자본시장 개방은 1980년대에 들어와 이루어졌다. 그러나 1980년대 초기에는 제한된 범위 내에서만 자본 유입이 허용되었을 뿐 유출은 계속 규제되었다. 그러다 1980년대 후반

들어 경상수지 흑자를 기록하면서 자본 유입과 유출에 대한 규제는 점차 폐지되어갔으며, 이러한 자유화는 1990년대 초 크게 확대되었다. 그리고 마침내 1992년 국내 주식시장에서 외국인의 직접 투자가 허용되었으며, 주식 보유 비중은 10%에서 시작하여 계속 확대되었다.

수입자유화와 경상수지 흑자

무역자유화란 정부의 무역제한 조치를 줄이거나 폐지하여 국가 간 상품 교역이 자유롭게 이루어지도록 정책적으로 보장하는 것을 의미한다. 1950년대 중반까지만 하더라도 수출과 수입은 모두 정부의 통제를 받았다. 그러나 이후부터 수출은 점차 자유화되었지만, 수입자유화는 상당기간 동안 지연되었다.

1967년 4월 GATT 가입을 계기로 '원칙 제한, 예외 자유'라는 포지티브 방식에 근거한 수입품 관리방식은 '원칙 자유, 예외 제한'이라는 네거티브 방식으로 변경되었다. 이러한 수입품 관리방식의 변화는 수입자유화를 크게 개선하여, 37%였던 1965년의 수입자유화율은 1967년에 58%로 상승하였다. 그러나 그 이후 수입자유화는 오히려 후퇴하였다. 1967년 이후 수입자유화율은 계속 떨어져 1975년에는 49%를 기록하였는데, 이것은 1960년대 후반부터 본격적으로 추진한 중화학공업화 정책 때문이었다. 정부는 중화학공업화 정책을 시행함과 동시에 이들 산업이 생산한 제품의 수요를 창출하기 위해 수입품으로부터 국내시장을 보호하였던 것이다.

1970년대 후반, 경제자유화 논의와 함께 수입자유화가 본격적으로 추진되었다. 1978년 2월에 설치된 수입자유화대책위원회는 수입자유화 정책을 심의·조정하는 핵심 기구였다. 이 시기에 시행된 대표적인 수입자유화 정책은 1984년 2월에 발표된 '5개년 수입자유화 예시계획'이었다. 이 계획에 따르면 농산물을 제외한 모든 공산품은 계획표에 따라 1988년까지 수입을 완전 자유화해야 했는데, 실제로 공산품의 수입자유화율은 1988년에 100%를 달성하였다. 그렇지만 농산물의 수입자유화는 점진적으로 진행되어서, 농산물을 포함한 우리 경제 전체의 수입자유화율은 2001년에 이르러서야 100%에 도달하였다.

수입자유화율

수입자유화율은 전체 수입품 중에서 민간 무역업자가 정부의 허가를 받지 않고 자유롭게 수입할 수 있는 품목(자동승인품목)의 비율을 나타낸다. 여기서 주의해야 할 것은 수입자유화율이 100%라고 해서 수입품 관세가 제로(0)라는 것을 의미하지는 않는다는 점이다. 수입자유화는 정부의 수입제한 조치를 폐지하는 것을 의미할 뿐, 관세정책과는 무관하다. 수입자유화율이 100%인 시기에도 농산물의 관세율은 평균 40%대 후반을 기록했고, 공산품의 관세율은 7% 내외를 기록하였다. 따라서 세계의 각국 정부는 WTO 및 FTA와 같은 다자간 협정이나 쌍무협정 체결을 통해 무역 상대국의 관세를 인하하려고 노력하고 있다.

여기서 주목되는 점은 수입자유화가 빠르게 진전되었음에도 불구하고 무역수지는 이전과 전혀 다른 패턴을 보였다는 점이다. 우리 경제는 해방 이후 1970년대까지 무역수지 흑자를 기록한 경험이 없었다. 앞에서 지적한 바와 같이, 이것은 중화학공업화 정책이 추진되는 배경이 되었다. 그러나 1980년대에는 새로운 양상이 나타났다. 1980년대 초반에는 이전과 마찬가지로 무역수지 적자를 기록했지만, 1986~1989년 사이 해방 이후 처음으로 4년 연속 무역수지 흑자를 기록한 것이다. 이때 기록한 무역수지 흑자 규모는 191억 8,800만 달러로서 박정희 정부 기간1962~1979년 동안 기록한 무역적자액 231억 534만 달러에 육박한다.[76] 1990년 이후 무역수지는 다시 적자로 바뀌었으나, 이런 흐름은 오래가지 않았다. 1990년대 후반에 다시 흑자 기조로 전환된 무역수지는 2012년까지 한 해2008년를 제외하고 계속 흑자를 기록하였다. 1980년대 이전과 달리, 최근 우리 경제에서 무역수지 흑자는 일반적인 현상이 되었다.

무역수지 흑자는 우리 경제에서 중요한 의미를 갖는다. 그것을 한마디로 정리하면, 우리 경제가 지속가능한 경제구조를 확립했다는 것을 의미한다. 자본 축적이 미미한 후발국의 경제발전은 선진국으로부터 자본과 기술을 도입하면서 진행되는데, 이 과정에서 무역수지 적자는 발생하게 마련이다. 더욱이 우리와 같이 자원이 부족한 경우에 무역수지 적자 규모는 더욱 확대된다. 앞에서 지적한 바와 같이, 1980년대 후반 이전에 우리 경제가 만성적인 무역수지 적자를 기록했던 것은 중화학공업 부문이 충분히 발달하지 못해 경제와 수출이 성장할수록 수입도 같이 커지는 구조를 가졌기 때문이었다. 1960년대 후반 이후 박정희 정부가 중화학공업화 정책을 본격적으로 추진한 이유도 무역수지 적자를 유발하는 이러한 불균형적 공업구조를 해결하기 위함이었다. 그러나 중화학공업화 정책을 통해 육성된 중화학공업이 수입대체 산업에 머문다면, 무역적자 규모를 일시적으로 줄일 수는 있어도 장기적인 흑자 전환은 불가능하다. 우리 경제가 장기적으로 무역수지 흑자 기조로 전환되고 지속 성장을 하기 위해서는 중화학공업이 수출산업으로 성장해야 한다. 이런 점을 고려할 때 무역수지 흑자는 우리 중화학공업이 해외시장에서 수출산업으로 성공했음을 의미하며, 궁극적으로 이것은 우리 경제가 지속 성장이 가능한 경제구조를 확립했다는 사실을 보여준다.

1960년대 이후 경제개발계획을 통해 확립하려고 했던 '자립적인 경제구조'는 1970년대의 중화학공업화 정책이 성과를 내기 시작하는 1980년대 후반 이후에야 사실상 확립되었던 것이다.

세계경제에서의 역할 변화

해방 이후 우리 경제의 가장 중요한 특징을 한마디로 요약하면, 장기 경제성장을 달성한 것이다. 따라서 여기에서는 우리 경제의 장기 성장과정의 실태를 먼저 소개하고, 다음에 그것이 가능했던 요인을 설명하기로 한다. 그리고 마지막으로 그러한 장기 성장이 우리 경제에 어떠한 결과를 초래했는지 살펴보기로 한다. 이를 통해 우리는 초기에 원조를 받아 성장한 우리나라가 국제적 위상이 높아지고 그에 따른 책임도 커지면서 점차 원조를 주는 나라로 변모해간 과정을 이해할 수 있게 될 것이다.

이 장에서는 이제까지 논의한 내용을 종합적으로 정리함으로써 책을 마무리 짓고자 한다. 해방 이후 우리 경제의 가장 중요한 특징을 한마디로 요약하면, 장기 경제성장을 달성한 것이다. 따라서 여기에서는 우리 경제의 장기 성장과정의 실태를 먼저 소개하고, 다음에 그것이 가능했던 요인을 설명하기로 한다. 그리고 마지막으로 그러한 장기 성장이 우리 경제에 어떠한 결과를 초래했는지 살펴보기로 한다. 이를 통해 우리는 초기에 원조를 받아 성장한 우리나라가 국제적 위상이 높아지고 그에 따른 책임도 커지면서 점차 원조를 주는 나라로 변모해간 과정을 이해할 수 있게 될 것이다.

01

장기 경제성장

6·25전쟁 직후 우리 경제 상태는 보잘것없어 세계 최빈국 수준에 머물러 있었다. 당시 학자들은 우리 경제의 밝은 미래보다 비관적이고 암울한 미래를 전망하였다. 어찌 보면 이것은 정당한 평가일 수 있다. 해방 이후 6·25전쟁까지의 8년 동안 우리나라는 정치·경제·사회적으로 심각한 혼란과 파괴를 경험하였다. 해방은 일본의 식민지 지배로부터 벗어났다는 기쁨과 함께, 식민지 경제구조의 붕괴를 초래하여 경제활동을 일시에 혼란에 빠뜨렸다. 더욱이 남북분단은 두 지역의 경제적 보완성이 컸던 만큼 우리 경제에 커다란 충격을 가했다. 여기에 더해 6·25전쟁은 그나마 남아 있던 산업시설을 파괴함으로써 경제를 최악의 상태로 빠뜨렸다. 물론 이것은 우리 경제의 초기조건이었다.

그러나 그로부터 다시 8년여가 지난 1960년대 초반부터 우리 경제는 본격적으로 성장하기 시작하였다. 고도성장기라고 하는 1961~1979년간의 연평균 경제성장률은 8.6%였고, 그 이후에도 성장 추세는 계속 이어졌다. 이 결과 1953년 13억 달러, 1960년 20억 달러에 불과했던 국내총생산GDP, 명목 기준은 1972년에 100억 달러를, 1986년에는 1천억 달러를 돌파하였고 2007년에는 1조 달러를 넘어섰다. 전쟁 이후 54년 동안 국내총생산은 무려 807배 증가하였다.

그림 4는 1인당 국민소득의 추이를 보여준다. 1인당 국민소득은 국민들의 평균적인 소득수준을 보여줘 국민들의 생활수준의 변화를 파악하는 데 국내총생산보다 더욱 유용하다. 6·25전쟁 직후인 1955년의 1인당 국민소득은 65달러였고, 1960년의 그것은 100달러에도 못 미치는 80달러에 불과하였다. 경제성장이 본격적으로 진행된 1960년대 이후 빠르게 증

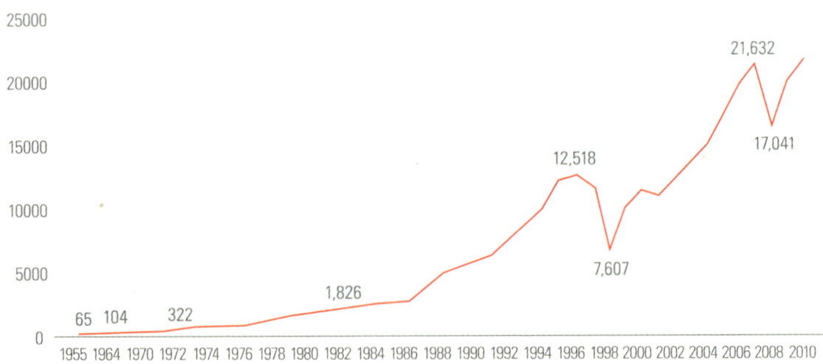

출처: 한국은행 경제통계시스템. (단위: 1달러)

그림 4 1인당 국민소득(명목)

가한 1인당 국민소득은 1964년 104달러를 기록하여, 처음으로 100달러를 넘어섰다. 그 이후에도 1인당 국민소득은 빠르게 증가하여 1969년에는 1964년에 비해 두 배로 증가한 206달러를 기록하였다.[77] 1970년대 이후에도 성장 추세는 계속 이어졌다. 1973년 1월 중화학공업화를 선언할 때 정부는 1인당 국민소득 1천 달러 목표를 1981년에 달성하겠다고 발표했는데, 이 목표는 1977년에 달성되었고, 1981년의 1인당 국민소득은 1,826달러였다.

경제자유화가 점진적으로 추진되고 정부의 역할이 성장에서 안정으로 이동한 1980년대 초기에는 성장 속도가 조금 둔화되었지만, 경상수지 흑자를 기록한 1980년대 중반 이후에 성장 속도는 다시 회복되었다. 즉, 우리 경제는 경제자유화에도 불구하고 세계시장이 주는 기회를 잘 활용하여 성장을 계속 이어갔다고 평가할 수 있다. 그림 4에서 확인할 수 있듯이, 외환위기 전까지 우리 경제는 빠르게 성장하여, 1996년의 1인당 국민소득은 1만 2,518달러를 기록하였다.

그렇지만 경제자유화가 우리 경제에 긍정적인 영향만 끼친 것은 아니다. 가령 사후적으로 관리·감독할 수 있는 체제가 정비되지 않은 상태에서 외환 및 자본 자유화가 급속히 진행되는 경우, 경제의 불확실성이 커져 경제위기가 초래될 수도 있다. 1997년 외환위기가 바로 이러한 경우에 해당하는데, 1998년의

1인당 국민소득이 7,607달러로 줄어들 만큼 우리에게는 커다란 충격을 안겨주었다.

그러나 위기는 우리에게 또 다른 기회를 제공하기도 하였다. 우리 경제는 외환위기를 계기로 정부·금융·기업·노동 등 4대 부문에서 강력한 구조조정을 실시하여 국가와 기업 경쟁력을 향상시킬 수 있었다. 우리 경제는 이를 기반으로 세계화가 제공하는 기회를 잘 활용하여 외환위기를 곧바로 극복하고 다시 성장 추세를 이어갔다. 2003년의 1인당 국민소득은 1996년의 수준을 넘어섰고, 2007년의 1인당 국민소득은 2만 1,632달러를 기록하여, 마침내 2만 달러를 돌파하였다. 2007년의 1인당 국민소득은 1955년의 65달러와 비교할 때 무려 333배나 증가한 것이다.

어떻게 이런 장기간의 경제성장이 가능했을까? 그간 우리 경제의 성장과정을 돌이켜볼 때 크게 다섯 가지 요인이 경제성장에 중요하였다. 첫째, 해방 직후 계획경제체제가 아니라 시장경제체제를 선택한 것이 무엇보다도 중요하였다. 당시 국민들의 정치지형은 사회주의적 성향이 강했기 때문에 경제체제에서도 사회주의 계획경제체제가 상당히 선호되었다. 이런 경향은 좌익은 물론 우익 쪽에서도 경제계획, 통제경제라는 말을 자연스럽게 사용하고 당연한 것으로 생각했던 것에서도 쉽게 확인할 수 있다. 1947년 발표된 '임시정부대강안'에서 경제체제에 대해서는 정파를 불문하고 서로 비슷한 주장을 한 것이나, 제헌헌법이 근본적으로는 시장경제체제를 선택했음에도 불구하고 사회주의적 색채가 강하게 남아 있었던 것에서도 당시의 정치지형을 어느 정도 가늠해볼 수 있다. 그럼에도 불구하고 우리 경제는 시장경제체제를 선택했고, 점차 민간 부문의 영역을 확대시켜나갔다. 장기적인 관점에서 남북한 간 경제성과의 차이를 비교해볼 때, 해방 직후 경제체제의 선택이 얼마나 중요했나를 단적으로 이해할 수 있다.

둘째, 공업화의 초기조건이 열악했는데도 이승만 정부가 원조를 잘 활용하여 경제도약을 위한 기반을 마련한 것이 중요하였다. 이승만 정부는 농업이 차지하는 비중이 매우 컸던 당시 경제 상황과 배치되며 전통적인 지배계급인 지주들의 이익에 반하는데도, 공업화에 유리한 제도를 도입·시행하였다. 농지개혁은 사실상 지주계급을 해체시켰다. 그렇다고 정부가 농지개혁을 통해 창출된 자작농의 이익을 보장해준 것도 아니었다. 정부는 전시 인플레이션을 억제하기 위해 농민들의 희생을 강요했고, 이런 구조는 전쟁이 끝난 이후에도 계속 이어졌다. 더욱이 정부는 공업 생산에 종사하는 기업들의 이익을 보장해주기 위해 저환율정책을 시행했고, 이를 계속 유지하기 위해 미국의 잉여농산물을 적극 도입하여 저곡가정책을 일관되게 견지하였다. 또한 정부는 전쟁 이후 귀속기업체를 본격적으로 불하하여 기업가를 육성하고 시장 영역을 확대해나갔다. 더욱이 원조물자가 소비재 위주로 도입된 까닭에 당시 산업은 소비재산업을 중심으로 발달하였는데, 정부는 이들의 생산활동을 지원하기 위해 사회간접자본을 활발하게 복구·확충하였다. 이러한 과정 속에서 전후 재건이 완수된 1950년대 후반이 되면 국민들 사이에서 경제개발에 대한 관심이 높아졌다.

셋째, 정부가 선택한 개발전략과 그를 뒷받침하는 정책이 경제성장에 아주 효과적이었다. 박정희 정부는 대외지향적 개발전략을 채택했는데, 이는 우리 경제가 직면한 조건을 고려할 때 아주 적절한 것이었다. 경제개발 초기단계의 우리 경제는 자본 축적이 미약하여 중화학공업 부문을 건설·육성해야 했을 뿐 아니라 공업화에 필요한 원료, 연료, 중간재 및 자본재를 도입하는 데 필요한 외환을 획득하기 위해 경공업 부문을 수출산업으로 육성해야 했다. 박정희 정부는 세계의 다른 개발도상국가가 대내지향적 개발전략을 선택한 것과 달리 대외지향적 개발전략을 선택했는데, 이것은 두 가지 이점을 제공하였다. 먼저 지적할 수 있는 것은 후발성 이익을 최대한 활용하여 선진국의 성장과정을 압축 달성할 수 있었다는 점이다. 선진 각국이 축적하고 개발한 자본과 기술을 적극 활용한다는 것은 자본과 기술이 부족한 우리 경제에게 공업화의 장애를 쉽게 극복할 수 있게 해준다. 다음으로 지적할 수 있는 것은 이렇게 육성된 산업에서 생산한 제품을 국내시장이 아니라 해외시장을 대상으로 판매하여 경제적 효율성을 달성할 수 있었다는 점이다. 해외시장을 대상으로 하면 기업은 규모의 경제를 최대한 활용할 수 있을 뿐만 아니라, 해외시장에서의 경쟁으로 인하여 생산성을 향상시키기 위한 노력을 자발적으로 강구하게 된다.

넷째, 박정희 정부하에서 본격적으로 시행된 산업정책이 지속가능한 경제구조의 확립에 기여하였다. 한 사회가 발달할수록 농업·어업을 포함한 제1차 산업 부문의 비중은 줄어들고 공업 부문의 비중이 증가하게 된다. 그러나 역사의 경험을 회고해 볼 때, 공업 부문의 비중이 증가한다 하더라도 경공업만 발달하고 중화학공업이 발달하지 못한다면 무역수지 적자로부터 헤어나지 못해 경제는 장기적으로 정체하게 된다. 제2차 세계대전 이후 후발 개도국에 해당하는 대부분의 나라들은 비교우위의 원리와 외환 제약에 직면하여 중화학공업보다 경공업 중심의 산업정책을 시행했지만, 우리 정부는 중화학공업을 건설·육성하고자 하는 의지가 매우 강하였다. 물론 원조에 의존했던 이승만 정부하에서는 도입된 원조물자가 대부분 소비재여서 이러한 정책이 실현되기 어려웠다. 그러나 원조의 제약으로부터 벗어난 박정희 정부는 중화학공업 육성을 위한 산업정책을 본격적으로 추진하였다. 이를 통해 중화학공업이 빠르게 발달했는데, 이것은 두 가지 점에서 우리 경제의 장기 성장에 매우 중요하였다. 먼저 지적할 수 있는 것은 국내 수요를 국내 생산을 통해 공급함으로써 수입대체가 이루어져 국제수지 적자를 완화시켰다는 점이다. 다음으로 중요한 것은 이렇게 육성된 중화학공업이 수출산업으로 전환되어 지속 성장을 보장해주었다는 점이다. 그동안 우리 경제가 성장세를 꾸준히 유지해올 수 있었던 데는 중화학공업 육성을 통해 균형 잡힌 공업구조를 확립한 것이 중요하였다.

다섯째, 국민들을 성과 지향적으로 만든 경제제도가 개발·확산되었다. 이런 특징은 경제개발을 본격적으로 추진한 박정희 정부 시기에 들어와 두드러졌다. 박정희 정부는 경제개발을 추진하는 과정에서 발생한 각종 특혜경제적 지대를 정부가 요구하는 성과를 낸 기업가에게만 배분함으로써 민간기업가의 생산활동을 독려하였다. 정부가 경제에 개입하면 시장성과를 떨어뜨리는 것이 일반적이지만, 박정희 정부는 수출이라는 성과 지표에 근거하여 경제적 지대를 배분했기 때문에 정부 실패의 가능성을 최소화했다. 즉, 당시 자원배분 과정에서 막강한 권한을 행사할 수 있었던 정부가 엄격한 규율을 세웠기 때문에 민간기업가들은 지대 추구행위를 보이기보다 더 나은 경제성과를 내기 위해 최대한 노력하였다. 이 결과 우리 경제에서는 정부 개입이 민간기업들 간의 경쟁을 촉진하여 시장을 강화·확장하는 역할을 수행하였다. 이러한 과정을 통해 성장한 민간기업과 시장은 경제가 자유화된 이후에도 우리 경제의 성장잠재력을 유지하고 성장을 주도해나가는 데 선도적인 역할을 담당하였다.

02

세계경제에서의 위상과 역할 변화

6·25전쟁 직후 우리 경제는 미국을 비롯한 UN 회원국의 원조를 기반으로 경제활동을 유지했기에 세계경제에서의 영향력이나 지위는 보잘것없었다. 그러나 상기한 다섯 가지 요인을 배경으로 우리 경제는 장기간 지속 성장이라는 놀라운 성과를 거두었는데, 이것은 자연스럽게 세계경제에서 우리 경제의 지위 변화를 동반하였다.

표 13은 국민소득 개념에 근거하여 세계경제에서 우리 경제가 차지하는 지위와 비중을 정리한 것이다. 경제성장의 성과

	1970	1975	1980	1985	1990	1995	2000	2005	2010
국민순소득	547	770	1,084	1,624	2,687	3,939	4,571	5,556	6,433
순위	20	18	19	16	13	12	12	11	11
비중	0.5	0.61	0.74	0.95	1.3	1.7	1.67	1.78	1.86

출처: World Bank Database. (단위: 1억 달러, %)

표 13 세계경제에서 우리 경제의 위상과 비중
2000년 불변가격 기준(미국 달러).

가 어느 정도 가시화되기 시작한 1970년 우리 국민순소득NNI: Net National Income은 547억 달러였다. 이것은 세계경제 전체 국민순소득에서 0.5%의 비중을 차지하는 것이었고, 경제 규모로 볼 때 세계 20위에 해당하는 것이었다. 표 13에서 확인할 수 있듯이, 그 이후 국민순소득은 계속 증대되었고, 그와 함께 순위와 비중도 올라갔다. 1990년의 국민순소득은 2,687억 달러였고, 순위는 세계 13위에 해당했으며 비중은 1.3%를 차지하였다. 2000년의 국민순소득은 4,571억 달러였고, 세계에서의 순위는 12위로 한 계단 올랐으며, 세계경제에서 차지하는 비중은 1.7%로 늘어났다. 2010년의 경우, 국민순소득은 6,433억 달러로 증가했고 순위는 11위로 다시 한 계단 올랐으며, 세계경제에서 차지하는 비중은 1.9%로 증대되었다.

무역에서의 변화는 더욱 두드러졌다. 앞에서 설명한 바와 같이 우리 경제의 수출과 수입은 매우 빠르게 성장했고, 특히 수출에서의 성장은 놀라운 것이었다. 표 14는 UN 무역통계를 이용하여 세계에서 우리 수출이 차지하는 지위와 비중을 정리

	1962	1970	1980	1990	2000	2005	2010
순위	59(83)	42(113)	24(125)	11(112)	12(168)	12(169)	7(134)
비중	0.05	0.3	1	2.07	2.79	2.86	3.35

출처: UN 무역 통계. (단위: %)

표 14 세계에서 우리 수출이 차지하는 지위와 비중
괄호 안의 숫자는 UN에 무역 통계를 보고한 나라의 수이고, 순위는 그 국가들 내에서의 순위를 나타낸다.

한 것이다. 1962년 우리 수출 순위는 세계 59위였지만, 박정희 정부하에서 수출이 증가한 이후 이 순위는 빠르게 올라갔다. 1970년에는 42위였지만 1980년에는 24위를 기록했고, 1990년에는 11위로 상승했으며, 2010년에는 드디어 세계 7위의 무역대국이 되었다.

이런 순위 상승은 세계에서 우리 수출이 차지하는 비중을 통해서도 확인할 수 있다. 세계에서 차지하는 우리의 수출 비중은 1962년에는 0.05%로 미미했지만, 그 이후 빠르게 증가하여 1970년에는 0.3%, 1980년에는 1%를 차지하였다. 이 비중은 계속 증가하여 1990년에는 1980년보다 두 배 증가한 2%를 기록하였으며, 2010년에는 3.4%까지 올라갔다.

이상의 사실은 시간이 흐름에 따라 우리 경제가 세계에서 차지하는 비중이 증가한 것을 보여주지만, 그렇다고 우리 경제의 지위 변화를 정확히 반영한다고 할 수는 없다. 가령 인구에 근거하여 생각해보자. 2010년 말 현재 세계 인구는 68억 9,589만 명이고 우리나라 인구는 4,799만 명이었는데,[78] 이것을 비중으로 보면, 우리나라 인구는 세계 인구에서 0.7%의 비중을 차지하였다. 상기한 표 13과 14에서 확인할 수 있듯이, 우리 경제 규모는 1970년대 후반까지 이러한 인구 비중에도 미치지 못했지만, 지속 성장의 결과 1980년 이후에는 그것을 넘어 세계경제에서의 비중을 더욱 확대해 갔다. 결국 2010년에는 국민순소득과 수출 비중이 각각 1.9%와 3.4%에 도달, 인구 비중 대비 각각 2.7배와 4.8배를 기록하여 우리 경제의 세계에서의 위상과 역할이 훨씬 커졌음을 알 수 있다.

이러한 지위 변화와 함께 국제사회에서 우리 경제의 역할도 지원과 혜택을 받는 나라에서 주는 나라로 점차 변해갔다. 이러한 역할 변화는 두 방향에서 진행되었다. 하나는 개발도상국의 산업개발과 경제안정을 지원하고 이들 국가와의 경제협력을 촉진하기 위해 장기 저리의 차관을 제공하는 것이다. 이것은 1986년 12월 '대외경제협력기금법'법률 제3863호이 제정되면서 처음 공식화되었지만, 1970년대 후반부터 이미 그 초기 움직임이 나타났다. 가령 1970년대 후반이 되면 우리 경제는 일본을 제외한 대부분의 나라로부터 무역수지 흑자를 기록하게 되는데, 이것은 우리의 수출 성장을 제약하기 시작하였다. 특히 신흥시장으로서 개발도상국으로의 수출에 많은 어려움을 겪었다. 그렇다고 이들 개발도상국들이 수출할 능력이 있었던 것은 아니기 때문에 우리 자본을 투자하여 자원을 개발하고 그것을 수입하는 정책을 추진하기 시작하였다. 이와 같이 1970년대 후반에는 '정책 수입'을 위해 국내 자본의 해외투자가 이루어졌고, 1987년부터 공식적으로 개발도상국의 산업개발과 경제협력을 위한 장기 저리의 유상차관이 제공되었다.

다른 하나는 다양한 형태의 무상원조를 제공하는 것이다.

1965년에 정부 자금으로 개발도상국의 훈련생을 초청하여 교육시킨 것이 무상원조의 시초로 알려져 있다. 그 이후 무상원조는 국내 전문가를 파견하여 자문을 해주거나 국내 기자재를 무상으로 공여해주는 등의 활동으로 계속 확대되었다. 특히 경상수지가 흑자로 돌아서고 세계경제에서 우리 경제의 위상이 제고된 것을 계기로, 상기한 유상차관은 물론, 무상원조가 본격적으로 제공되기 시작하였다. 이에 정부는 그동안 여러 부처에서 독립적으로 추진해온 무상원조 사업을 통합하여 체계적으로 관리할 필요성을 느껴, 1991년 한국국제협력단KOICA을 설립하고 무상원조를 본격적으로 제공하기 시작하였다.

우리나라의 공적개발원조ODA: Official Development Assistance는 대외경제협력기금을 통해 제공하는 양허성 유상차관과 KOICA에서 집행하는 무상원조에 더해 국제기구에 대한 출연이나 출자

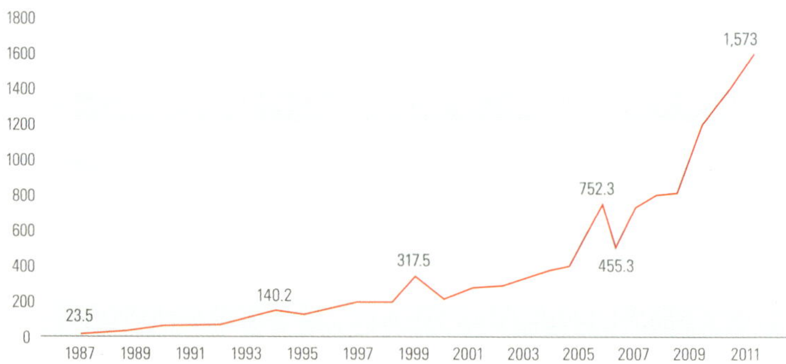

그림 5 우리나라 공적개발원조 실적

출처: 한국국제협력단, 대외무역원조실적 통계, 2005, 2012년 (단위: 100만 달러)

를 통해 기여하는 다자간 원조로 구성된다. 그림 5는 우리나라 공적개발원조의 실적을 정리한 것이다. 공적개발원조가 본격적으로 시작된 1987년의 원조액 규모는 2,400만 달러에 불과했지만, 그 이후 꾸준히 증가하여 1994년에는 1억 4천만 달러에 달했다. 1997년 외환위기 직후 약간 감소한 공적개발원조는 곧바로 큰 폭으로 증가하여 1999년에 3억 1,700만 달러를 기록하였으며, 그 이후에도 계속 증가하여 2009년에는 8억 1,600만 달러를 기록하였다. 그리고 2010년 OECD 개발원조위원회DAC: Development Assistance Committee 가입을 계기로 이는 다시 큰 폭으로 증가하여 2010년 11억 7,400만 달러, 2012년 15억 7,900만 달러를 기록하였다. 이는 1987년과 비교해볼 때 무려 67배나 증가한 수치이다.

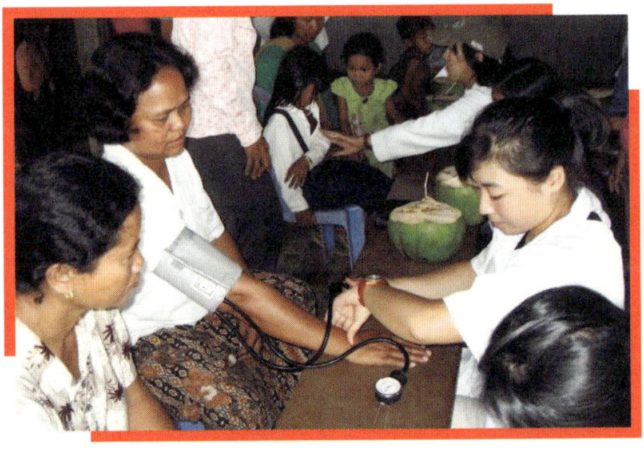

2006년 캄보디아의 한 농촌마을에서 KOICA 봉사단원들이 주민들을 진료하고 있다.

해방과 6·25전쟁 이후 외국 원조에 의존하며 경제활동을 유지했던 초기 우리나라를 생각하면 오늘날 우리의 공적개발원조 실적은 엄청난 변화라고 할 수 있다. 2011년에 KOICA는 아시아 지역 34개 국가, 아프리카 지역 46개 국가, 중남미 지역 27개 국가, 동유럽 지역 14개 국가 등 전 세계 125개 개발도상국에 무상원조를 제공하였다. 게다가 공적개발원조가 국민총소득GNI에서 차지하는 비중도 계속 증가하여, 1987년에는 0.02%에 불과했지만, 2012년에는 0.14%로 무려 7배나 증가하였다. 정부는 OECD 개발원조위원회 회원국으로서 앞으로 이 비율을 국제적 수준에 맞게 더욱 끌어올릴 계획을 갖고 있다. 오늘의 우리 경제는 높아진 세계에서의 위상에 맞게 그에 따른 국제적 책임 수행에 만전을 기하고 있음을 알 수 있다.

주

1 허수열, 2005, 316~317쪽.

2 堀和生, 1994, 214~215쪽.

3 최상오, 2010, 96쪽.

4 소자작농과 자소작농은 자신의 자작지를 갖고 있으면서 지주로부터 농지를 임차하는 공통점을 갖고 있다. 그러나 자작지에 비해 소작지가 많은 경우에는 전자로, 반대의 경우에는 후자의 명칭으로 부른다.

5 군정법령 제9호, '최고 소작료 결정'(1945. 10. 5). 북한에서도 1945년 9월 25일에 소작료 3·7제(남한의 3·1제와 같은 것임)를 공식 채택하였다(김성보, 2000, 97~98쪽).

6 최상오, 1991, 32~35쪽.

7 외국무역규칙 제1호, '면허 및 수입, 수출의 허가'(1946. 7. 12); 외국무역규칙, '외국무역규칙'(1947. 8. 25).

8 전강수, 1993, 제3장 참조.

9 일반고시 제2호(1945. 10. 20)를 발표하여 생활필수품도 자유 판매를 허용했지만, 이것도 곧이어 통제를 받게 되었다.

10 송남헌, 1985, 458쪽. 외부에서 국내로 들어온 한국인 수를 계산할 때 월남 인구수를 80만 3천 명으로 했는데, 미 국무부는 1948년 봄까지 약 200만 명이 월남했을 것이라고 추정하였다.

11 최상오, 2010.

12 《조선일보》, 1948년 8월 6일.

13 정진아, 2007, 23쪽; 김기원, 1990, 26쪽.

14 장시원, 2006, 348~355쪽.

15 정부에서 최초로 완성한 귀속재산처리법은 1949년 2월 11일자 《서울신문》에서 확인할 수 있다. 국회는 정부가 귀속재산처리법이 제정되기 이전에 귀속기업체를 불하하려는 행위를 방지하기 위해 1949년 5월에 '귀속재산임시조치법'을 제정하여 정부에 송부했으나 정부는 이 법에 대해 거부권을 행사하였다. 그러나 국회는 이에 굴하지 않고 1949년 7월에 동 법을 재의결해서 정부가 단독으로 귀속기업체를 불하하는 것을 법으로 금지하였다.

16 조선은행, 1949, I-127쪽.

17 1950년 5월 한국은행법(법률 제138호)이 제정되기 이전까지 한국은행은, 일제강점기와 마찬가지로 조선은행으로 불렸다. 그렇지만 여기에서는 해방 이후 시기에 해당하는 경우 전부 한국은행으로 통일한다.

18 최상오, 2008, 186쪽.

19 "Transmittal of a Translation of 'Five Year economic Recovery Program'", October 17, 1949, FIVE YEAR PLAN/10-1749, RG 59.

20 이 계획은 600여 쪽에 달하는 방대한 분량의 계획이라고 하는데, 아직 그 원본은 발견되지 않았다(정진아, 2007). 다만 공보처에서 발간하는 《주보》(8호, 1949년 5월 25일 발행)와 주한 경제협조처에서 번역하여 미국 본국에 보낸 문서에 그 내용이 일부 소개되어 있다.

21 최상오, 2007, 355~356쪽.

22 최상오, 1999, 46쪽.

23 정부의 식량정책은 자주 변경되었다. 정부 수립 직후에는 자유시장을 폐지하는 대신 정부에 의한 양곡 매입과 그에 근거한 전면적인 배급제를 실시하고자 했지만, 정부의 양곡 매입가격이 시장가격보다 낮아 번번이 실패하였다. 이에 정부는 전면적인 배급제를 포기하고 중점 배급제도로 전환했고, 1950년 2월에 제정된 양곡관리법은 이러한 정부의 식량정책을 최종적으로 확정한 것이었다(한국산업은행, 1955, 85~86쪽).

24 한국재정40년사 편찬위원회, 1991, 374~387쪽.

25 온창일, 2002, 65, 79, 82쪽. 한국군은 종전 이후에도 계속 확장되어 1954년에 72만 명으로 증대되었고, 이 규모는 1958년까지 유지되었다 (김명윤, 1967, 72쪽).

26 최상오, 1999.

27 최상오, 2006, 302쪽.

28 기획처, 1953, '원조자금에 의한 경제재건계획의 기본방침', 국가기록원 소장.

29 공보실, 1953, 183쪽.

30 한국은행, 1960, 177쪽.

31 한국은행, 1968, 14~15쪽.

32 무역 외 수입의 대부분은 UN군 대여금에 대한 대가로 주한 UN군으로부터 받은 달러 수입이 차지하였다. 당시에는 이렇게 획득한 외환 수입을 무역 외 수입 항목에 포함시켰다.

33 주한 경제협조처 초대 처장은 미군정의 경제고문을 지냈던 번스(A.C. Bourme)였다. 설립 초기 주한 경제협조처는 200여 명의 직원을 보유하였다(이현진, 2009, 76~79쪽).

34 크루거, 1984, 34~36쪽.

35 이현진, 2009, 179쪽.

36 크루거, 1984, 45~46쪽; 홍성유, 1965, 271쪽.

37 표 6에는 ICA(International Cooperation Administration) 원조로 표시되어 있다. 대외사업처(FOA)는 1955년 4월 ICA로 대체되었지만 원조기구의 연속성이 있어 ICA로 통일하였다.

38 이때 체결된 원조협정은 대체 협정이 아니다. 새로운 원조협정이 체결되었다고 해서 기존 협정이 폐지되는 것이 아니라 기존 협정도 그대로 효력을 갖고 새로운 협정도 효력을 가져, 상호 보완적이었다. 1950년대에 체

결된 원조협정은 1961년 2월에 미국에서 대외원조법이 제정되면서 폐지되었다.

39 최상오, 1999.

40 경제조정협정 제1조, 제3조.

41 송인상, 1994, 169쪽; 이현진, 2009, 393쪽; 정진아, 2007, 151쪽, 155쪽.

42 원료와 반제품 중심으로 원조물자가 도입된 이유를 미국의 지역통합전략의 관점에서 설명하는 연구자도 있다. 이 관점에서는 미국은 중화학공업이 발달한 일본의 빠른 회복을 원했기 때문에 일본의 산업과 중복될 수 있는 산업을 한국에 건설하는 것을 반대했다는 것이다.

43 당시에는 정부에서 정한 공정 환율 이외에도 대충자금 환율 등과 같이 다양한 환율이 통용되었다(최상오, 2006).

44 한국은행, 1968, 14~15쪽, 82~85쪽.

45 1952년 헌법의 87조 1항에서는 "중요한 운수, 통신, 금융, 보험, 전기, 수리, 수도, 가스 및 공공성을 가진 기업은 국영 또는 공영으로 한다. 공공필요에 의하여 사영을 특허하거나 또는 그 특허를 취소함은 법률의 정하는 바에 의하여 행한다"고 규정하였다. 1954년 개정헌법에서는 이 조항이 삭제되었다.

46 콜과 라이만(Cole and Lyman, 1971, 158쪽)은 우리 경제를 체계적으로 연구한 초기 학자인데, 그들은 1950년대 공업구조의 특징을 '수입(원조)에 의존한 소비재산업'이 발달한 것이라고 지적하였다.

47 정부와 원조자금의 지원과 무관하게 복구 및 신설되었던 중소기업은 지역적 시장을 대상으로 생산활동을 전개하였다. 1950년대에는 대기업의 성장 코스와 중소기업의 성장 코스가 달랐던 것이다.

48 원조와 일반 수입을 전부 포함하여 1950년대의 제1위 수입품은 비료였다. 1953~1960년간의 비료 수입액은 3억 7,900만 달러로서 전체의 18%를 차지하였다(Choi, 2007).

49 5·16 군사쿠데타 발발 직후 계획기구 개편안을 작성하여 보고한 정재석에 따르면, 혁명세력은 본인이 발표한 '개발부' 설치안을 수용했지만 이름을 건설부로 바꿨다고 회고했는데, 그 중요한 이유가 개발이란 말이 어렵고 국민들이 알아들을 수 없다는 것이었다(김흥기 편, 1999, 37~38쪽). 1961년 시점에서 개발이 낯선 용어였다면, 그 이전에는 더욱 그랬을 것이다.

50 박태균, 2007, 43~44쪽.

51 한국은행, 1968, 16~17쪽.

52 김일영, 2004, 265~266쪽.

53 일반적으로 말하면, 원조나 환율에 관한 담화는 무역에 포함되어야 하나, 상기 무역 건수에는 이를 포함하지 않았고, 민간기업의 수입과 수출에 관한 담화만 포함시켰다. 이 기간 중에 공표된 대통령 담화 건수는 총 627건으로, 이 중 경제에 관한 담화는 18%를 차지하였다(최상오, 2010).

54 최상오, 2003, 152쪽.

55 박정희 정부가 정식 출범한 것은 1963년 12월이다. 그러나 박정희는 1961년 5·16 군사쿠데타를 성공시킨 이후 국정의 최고위 자리에서 정책결정을 주도해왔기 때문에, 특별한 이유가 없는 한 이 시기까지를 포함하여 박정희 정부라고 부르기로 한다.

56 국가재건최고회의는 제1차 경제계획의 작성지침을 1961년 5월 말부터 작성하여 7월에 완성했다. 경제기획원은 이에 근거하여 구체화한 계획을 1961년 12월 말에 완성하고 1962년 1월에 발표하였다.

57 강광하·이영훈·최상오, 2008, 56~59쪽.

58 경제기획원, 1962, 84~85쪽.

59 법률 제678호, '외자도입촉진법 개정 법률'(1961.8.7), 제2조.

60 경제기획원, '외자도입 운용에 관한 기본지침의 건', 《국무회의 안건철》, 1961. 11. 28. 차관에 관한 정부의 지불보증은 이 기본지침에서 이미 결정되었고, 그것이 공식적인 법률로서 제정된 것은 그로부터 8개월이 지난

1962년 7월(법률 제1115호, '차관에 대한 지불보증에 관한 법률')이었다.

61 법률 제1075호, '은행법 개정 법률'(1962. 5. 24).

62 법률 제873호, '한국산업은행법 개정 법률'(1961. 12. 27).

63 배영목, 2002, 395~397쪽.

64 상공부, 1988, 114쪽.

65 OECD, 1979.

66 최상오, 2010a, 216쪽.

67 이에 해당하는 대표적인 연구는 김광석 · 웨스트팔, 《한국의 외환 · 무역정책-산업개발 전략적 접근》(1976, 한국개발연구원)이다.

68 한국무역협회, 1985, 442쪽.

69 김광모, 1988, 220쪽.

70 물론 중화학공업화 정책에 대한 비판적인 견해도 존재한다. 부정적 평가에는 중복과잉투자, 자원이 중화학공업에 집중 배분되면서 경공업에 대한 투자가 급격히 줄어들어 경공업 부문의 경쟁력이 정상적인 상태보다 빠르게 떨어졌다는 점, 대기업으로 경제력이 집중되었다는 점 등이 포함된다.

71 법률 제1937호, '조선공업진흥법'(1967. 3. 30). 상기 이외에도 석유화학공업육성법과 비철금속제철공업사업법이 포함된다.

72 송성수, 2002, 27쪽.

73 포항제철 건설은 당시까지 최대 프로젝트였던 경부고속도로 건설에 비해 공사비가 3배 이상 투입되었으며 종합제철공장 건설을 위한 최초의 시도였는데도 공사기간은 당초 계획보다 28일 단축되었다. 이것은 공장 건설 과정에서 정부의 지원 못지않게 공장 건설을 주도한 박태준(朴泰俊) 사장의 역할도 매우 컸음을 보여준다(김병연 · 최상오, 2011).

74 경제안정화종합시책의 가장 중요한 변화는 정부 정책 목표가 성장에서 안정으로 바뀐 것이다[경제기획원, '경제안정화종합시책'(1979. 4)]. 이를 계기로 도입된 정책과 제도가 이전의 정책체계와는 근본적으로 달랐기

때문에, 후에 경제기획원 출신 사람들은 이 종합시책을 두고 '코페르니쿠스적 대전환'이라고 평가하였다(김흥기, 1999, 275쪽).

75 법률 제3806호, '공업발전법'(1986. 1. 8), 제3조. 이 법이 시행됨과 동시에 1967년부터 제정된 7개의 공업진흥법은 폐지되었다(부칙 제2조).

76 1970년대 후반과 1980년대 초반 사이, 우리 경제도 남미와 같이 외채 때문에 망할 것이라는 외채망국론이 팽배하였다. GNP 대비 외채 비중은 1985년 56%에 달해 우리 경제가 감당할 수 있는 수준을 넘어섰다는 평가가 지배적이었다. 그러나 무역수지 흑자 이후 외채 비중은 급격히 줄어들어 1993년에는 13%까지 떨어졌고, 자연스럽게 외채망국론도 사라졌다.

77 통계청, 1998, 116쪽.

78 통계청 국가통계포털.

참고문헌

강광하 · 이영훈 · 최상오(2008), 《한국 고도성장기의 정책결정체계》, KDI.

경제기획원(1962), 《제1차 경제개발 5개년계획, 1962~66년》, 경제기획원.

공보실(1953), 《대통령 이승만 박사 담화집》 제1집, 공보실.

국회(1948년 7월 20일), 본회의 회의록, 제1대 제1회 제33차.

기획처(1953), "원조자금에 의한 경제재건계획의 기본방침", 1953년 8월 생산(국가기록원 소장).

김광모(1988), 《한국의 산업발전과 중화학공업화정책》, 지구문화사.

김광석 · 웨스트팔(1976), 《한국의 외환 · 무역정책-산업개발 전략적 접근》, 한국개발연구원.

김기원(1990), 《미군정기의 경제구조》, 푸른산.

김명윤(1967), 《한국재정의 구조》, 고려대학교 아세아문제연구소.

김병연 · 최상오(2011), "포스코와 한국경제-서지적, 실증적 분석을 중심으로", 《경영사학》 26권 2호.

김성보(2000), 《남북한 경제구조의 기원과 전개》, 역사비평사.

김일영(2004), 《건국과 부국》, 생각의 나무.

______(2006), "농지개혁을 둘러싼 신화의 해체", 박지향 · 김철 · 김일영 · 이영훈, 《해방 전후사의 재인식》 2, 책세상.

김정렴(1990), 《한국경제정책 30년사》, 중앙일보사.

김흥기 편(1999), 《비사 경제기획원 33년, 영욕의 한국경제》, 매일경제신문사.

내무부 통계국(1953), 《대한민국통계연감》, 내무부.

박태균(2007), 《원형과 변용: 한국 경제개발계획의 기원》, 서울대학교출판부.

배영목(2002), 《한국금융사, 1876~1959》, 도서출판 개신.

부흥부(1955), 《한국경제부흥계획서》, 부흥부.
______(1960), 《경제개발 3개년계획》, 부흥부 산업개발위원회.
상공부(1947), 《상공행정연보》, 상공부.
______(1959), 《상공행정개관》, 상공부.
______(1988), 《무역진흥 40년 - 그 과정과 정책》, 상공부.
송남헌(1985), 《해방 3년사, 1945~1948》 1, 까치.
송성수(2002), "한국 철강산업의 기술능력 발전과정 - 1960~1990년대의 포항제철", 서울대학교 박사논문.
송인상(1994), 《부흥과 성장》, 21세기북스.
온창일(2002), "6·25전쟁과 한국군의 팽창", 유영익·이채진 편, 《한국과 6.25 전쟁》, 연세대학교 출판부.
이영훈·최상오 외(2005), 《한국의 유가증권 100년사》, 해남.
이현진(2009), 《미국의 대한경제원조정책, 1948~1960》, 혜안.
장시원(2006), "농지개혁 - 지주제 해체와 자작농체제의 성립", 박지향·김철·김일영·이영훈, 《해방 전후사의 재인식》 2, 책세상, 345~389쪽.
재무부(1958), 《재정금융의 회고》, 재무부.
______(1979), 《한국세제사》 상, 재무부.
재무부 세관국(1949), 《대한민국 수출입품 3년 대조표》, 재무부.
전강수(1993), 《식민지 조선의 미곡정책에 관한 연구》, 서울대학교 박사논문.
정일준(2000), "미국의 대한정책 변화와 한국 발전국가의 형성, 1953~1968", 서울대학교 박사논문.
정진아(2007), "제1공화국기(1948~1960) 이승만 정권의 경제정책론 연구", 연세대학교 박사논문.
조선은행(1949), 《경제연감》, 조선은행.
최상오(1991), "해방 이후 제사업 전개과정에 관한 연구", 성균관대학교 석사논문.

______(1999), "경제안정의 지향과 한미 간 환율논쟁 - 유엔군 대여금의 상환 문제를 중심으로", 《경제사학》 26호, 경제사학회.

______(2003), "이승만 정부의 경제정책과 공업화전략", 경제사학회, 《경제사학》 35호.

______(2006), "이승만 대통령의 경제개발정책", 유영익 편, 《이승만 대통령 재평가》, 연세대학교 출판부.

______(2007), "외국원조와 수입대체공업화", 이대근 외, 《새로운 한국경제발전사》, 나남.

______(2008), "1950년대 계획기구의 설립과 개편", 경제사학회, 《경제사학》 45호.

______(2010), "이승만 경제사상과 건국헌법 경제 장", 최상오 외, 《이승만과 대한민국 건국》, 연세대학교 출판부.

______(2010a), "한국에서 수출지향공업화정책의 형성과정", 한국경영사학회, 《경영사학》 25권 3호.

______(2010b), "한국의 수출지향공업화와 정부의 역할 - 수출진흥확대회의를 사례로", 한국경영사학회, 《경영사학》 25권 4호.

크루거(Ann O. Kreuger)(1984), 《무역 · 외원과 경제개발》(전영학 역), 한국개발연구원.

통계청(1998), 《통계로 본 대한민국 50년의 경제사회상 변화》.

한국국제협력단(2005, 2012), 《대외무상원조 실적 통계》.

한국무역협회(1985), 《무역연감》.

한국산업은행(1955), 《한국 산업경제10년사》.

______(1964), 《한국산업은행10년사》.

한국은행(1955), 《경제연감》.

______(1960), 《한국은행 10년사》.

_____(1968), 《국민소득연보, 1953~1967》.
한국재정40년사 편찬위원회(1991), 《한국재정40년사》제4권, 한국개발연구원.
허수열(2005), 《개발 없는 개발》, 은행나무.
홍성유(1965), 《한국경제의 자본축적과정》, 아세아문제연구소.

堀和生(1994), "植民地の獨立と工業の再編成-臺灣と韓國の事例", 中村哲 編, 《東アジア資本主義の形成》, 青木書店.
李鍾元(1996), 《東アジア冷戰と韓美日關係》, 東京大學出版會.

Choi, Sang-Oh(2007), "Evolution of Aid-depending Economy and Search for Self-sustaining Economy", The Academy of Korean Studies, *The Review of Korean Studies, 10*(4).
Cole, David & Princeton Lyman(1971), *Korean Development: The Interplay of Politics and Economics*, Harvard University Press.
OECD(1979), *The Impact of the Newly Industrializing Countries on Product and Trade in Manufactures*, OECD.
Seoul to DOS, Embdes 644, "Transmittal of a Translation of 'Five Year Economic Recovery Program' ", October 17, 1949, FIVE YEAR PLAN/10-1749, RG 59.

사진출처

해당 사진이 삽입된 페이지 번호 순서대로 명기.

정부 수립, 자립을 향한 출발

17 뉴스뱅크이미지

19 대한민국역사박물관

26 국가기록원

38 국가기록원

44 국가기록원

6·25전쟁, 자립을 위한 노력과 중단

53 대통령기록관

57 대통령기록관

64 《동아일보》

79 《연합뉴스》

전후 재건을 위한 기반 조성과 원조

88 국가기록원

93 국가기록원

97 《동아일보》

103 국가기록원

108 국가기록원

112 국가기록원

원조는 한국경제에 어떤 영향을 주었나

124 국가기록원

129 국가기록원

130 국가기록원

135 국가기록원

139 국가기록원

148 국가기록원

154 국가기록원

159 국가기록원

고도 경제성장, 지속가능한 경제구조의 확립

171 국가기록원

182 《동아일보》

185 대통령기록관

194 《동아일보》

197 국가기록원

205 대통령기록관

세계경제에서의 역할 변화

235 《연합뉴스》

대한민국역사박물관 한국현대사 교양총서

1 대한민국 헌법 이야기

"모든 세대는 자신들의 헌법을 새로 쓸 권리를 가진다."
대한민국 헌법은 1948년 최초로 제정한 이래 9차례에 걸쳐 변경, 수정, 추가되면서 오늘에 이르렀다. 이러한 헌법의 역사를 돌아봄으로써 변화와 발전을 위한 각 세대의 고민을 이해한다.

정종섭 / 234쪽 / 2013.7.15. 발행 / 12,000원

2 런던에서 런던까지: 대한민국 올림픽 도전사

1948년, 신생국가로 막 태어난 대한민국은 올림픽에 최초로 참가하여 동메달 2개를 획득하였다. 그리고 다시 런던올림픽이 열린 2012년, 대한민국은 금메달 13개로 종합순위 세계 5위에 올랐다. 이러한 런던올림픽의 어제와 오늘 속에서 대한민국의 변화의 흐름, 그리고 우리 자신을 발견할 수 있다.

나영일 / 216쪽 / 2013.7.15. 발행 / 12,000원

3 국제법과 함께 읽는 독도현대사

일본 정부의 주요인사들은 해마다 독도가 일본 영토라는 주장을 반복하고 있다. 일본은 왜 이러한 억지주장을 되풀이하며, 우리는 이에 어떠한 방식으로 대처해야 할까? 지난 100년간의 독도 역사를 돌아보고 독도 문제를 국제법으로 풀어봄으로써 이러한 문제에 대한 해답을 얻고자 한다.

정재민 / 218쪽 / 2013.9.1. 발행 / 12,000원

4 세계의 한인이주사

2012년 4월, 재외국민선거가 실시되면서 재외한인은 국내 정치의 중요한 행위자로 부상하였다. 아울러 국내에 체류하는 외국국적 동포들이 증가하면서 재외한인은 '재외'가 아닌 모국의 중요한 사회구성원이 되었다.
19세기 중엽 시작된 재외한인의 이주사에는 이제 150년의 경륜과 삶의 지혜가 있다. 이러한 재외한인의 이주사로부터 타산지석과 역지사지의 지혜를 얻을 수 있다.

윤인진 / 280쪽 / 2013.10.10. 발행 / 12,000원

5 산림녹화

조선 후기를 시작으로 일제강점기, 6·25전쟁 이후 오늘에 이르기까지 우리나라는 산림녹화를 위해 지속적인 노력을 기울여왔다. 경제개발 초기 정부를 비롯하여 기업가 독림가들의 산림녹화에 대한 노력은 현재 우리나라의 녹화 지역이 보여주듯이 많은 성과를 이루었다. 우리는 산림녹화를 위해 어떠한 실천을 했을까? 숲 전문가가 본 조림의 역사와 성공 요인이 이 책에 담겨 있다.

배상원 / 230쪽 / 2013.10.10. 발행 / 12,000원

6 '대한민국' 국호의 탄생

1897년 10월 12일 황제로 등극한 고종은 '대한제국'이라는 새 국호를 선포했다. 1910년 일제에 나라를 빼앗기며 잃어버렸던 이 '대한제국'이란 국호는 1910년 중국 상하이에 세워진 임시정부에서 '대한민국'이란 국호로 되살아났다. 이후 광복 후 수립된 새 국가에 의해 계승된 '대한민국' 국호에는 우리의 과거와 현재가 담겨 있다.

이선민 / 204쪽 / 2013.12.31. 발행 / 12,000원

7 원조, 받는 나라에서 주는 나라로

6·25전쟁 이후 외국의 원조에 의존해야 했던 우리나라는 2012년 세계 8위의 교역규모를 기록하며, 경제 규모와 제도 면에서 선진국 대열에 진입하였다. 그리고 이와 함께 국제사회에서 감당해야 하는 책임도 커졌다. 해방, 남북분단과 6·25전쟁을 겪은 우리나라는 어떻게 급속한 경제성장에 성공하여 원조를 '받는 나라에서 주는 나라로' 전환할 수 있었는가?

최상오 / 252쪽 / 2013.12.31. 발행 / 12,000원

8 대한민국을 이끈 여성정치인(가제)

1945년 해방 이후 오늘날까지의 한국 역사는 여성 발전의 역사였다. 근대 이후 서구적 가치관의 유입은 급속한 사회 변화를 가져왔으며, 이러한 사회 변화의 중심에 한국여성의 지위 변화가 있다. 이 책은 대한민국이 그 기틀을 잡고 국가의 성격을 형성해가던 제1공화국 시기 여성정치인들의 역사를 통하여 한국 여성 발전을 되돌아본다.

김수자 / 근간